哲學輕鬆讀

我的自由，不自由？

~ 10則青春校園的哲學激辯 ~

鄭光明 著

三民書局

國家圖書館出版品預行編目資料

╔══════════════════════════════════════╗

我的自由,不自由? / 鄭光明著.－－初版一刷.－－臺
北市: 三民, 2015
　　面；　公分.－－(哲學輕鬆讀)

　ISBN 978－957－14－6033－8　　(平裝)

　1.言論自由 2.文集

571.944　　　　　　　　　　　　　　104010557

╚══════════════════════════════════════╝

Ⓒ　我的自由，不自由？

著 作 人	鄭光明
責任編輯	蔡宜珍
美術設計	黃顯喬
發 行 人	劉振強
著作財產權人	三民書局股份有限公司
發 行 所	三民書局股份有限公司
	地址　臺北市復興北路386號
	電話　(02)25006600
	郵撥帳號　0009998－5
門 市 部	(復北店)臺北市復興北路386號
	(重南店)臺北市重慶南路一段61號
出版日期	初版一刷　2015年7月
編　　號	S 100330

行政院新聞局登記證局版臺業字第○二○○號

有著作權·不准侵害

ISBN　978－957－14－6033－8　　(平裝)

http://www.sanmin.com.tw　三民網路書店

自 序

蘇格拉底說：「未經檢驗的人生不值得活。」19 世紀著名的英國哲學家密爾 (John Stuart Mill) 也曾說：「寧可做一個不快樂的蘇格拉底，也不要做一隻快樂的豬。」過著未經檢驗人生的人或快樂的豬，無法脫離理盲及濫情；相較之下，透過哲學思辨，我們可以脫離理盲及濫情，而成為蘇格拉底及密爾所期許的理性的人。

理性的人以追求真理為職志；然而，理性的人卻也可能因求知慾無法獲得滿足而不快樂。既然如此，何苦追求真理？這真是大哉問！所幸對此問題，著名哲學史家威爾·杜蘭 (William James Durant) 曾提出了下列終極答案：「真理不會使得我們富有，卻會使得我們自由！」

「自由」很可能正是哲學探究的終極目標，也正是本書的主題。

在哲學探究中，「應用倫理學」是和我們日常生活最貼近的領域之一。它探討日常生活中我們可能面臨的實際道德問題，例如最近臺灣社會為多元成家法案爭吵得不可開交，反

對者斥贊成者違反自然，而贊成者視反對者漠視人權，兩造都認為對方的主張站不住腳。又，宗教教義或法律規定是倫理道德的最終解答嗎？如果不是，那麼倫理道德的基礎又是什麼？此外，我們還常困惑難解：當道德和自由、平等或人權產生衝突時，究竟應該選擇何者？以上，均是應用倫理學探討的問題。

本書尤著力聚焦探討應用倫理學中的「言論自由問題」。我們要問：俗諺「言論不會傷人，只有石頭會傷人」；然而某些言論（例如網路霸凌言論）卻會對他人造成精神傷害；若是如此，政府到底能不能以「言論對他人造成精神傷害」為理由來限制言論自由呢？政府是否有合理理由限制猥褻言論（例如 A 片）？智慧財產權是否侵害了言論自由？

事實上，對於言論自由問題，臺灣社會可謂既熟悉又陌生——熟悉的是，「言論自由」一詞是日常生活中人人朗朗上口的基本語彙，以至於誤以為言論自由問題根本不需要深入討論，僅需訴諸直覺即可；陌生的則是，對言論自由問題背後哲學家對「自由」此一概念深刻、重要的哲學思辨。

筆者探究言論自由問題多年，發現主張不能限制言論自由的哲學家，大抵上是自由主義者，而這些自由主義者擁有的哲學必殺技威力強大，任何政府除非提出相當充分理由予以駁斥，否則根本沒有合理理由主張限制言論自由！四種必殺技如下：

一、「消極自由說」：言論自由必須是一種「消極自由」，而不

能是「積極自由」。

二、「滑坡效應」及「寒蟬效應」：只有當限制言論自由的政策或法律通過「滑坡效應」及「寒蟬效應」的檢驗，否則這些政策或法律就沒有合理基礎，政府也就沒有合理理由限制言論自由。

三、「心靈中介說」：即使言論傷害了他人，然而由於言論的傷害是因「聽者的心靈作用」而起，說話者並不需為此負責；因此，政府不能以「言論傷害他人」為理由限制言論自由。

四、「以更多言論回擊說」：當 A 的言論傷害了 B，此時 B 不是輸家，因為 B 大可以言論回擊 A；換言之，對於言論所造成的傷害，我們總是可以利用言論來回擊，並尋求救濟；由此可見：即使言論傷害了他人，政府也不一定要限制言論自由。

　　本書中，筆者將對上述第一、二、三種哲學必殺技進行深入探討，並採取兩造對辯的方式，而非陷於泛泛教條宣示，訴諸八股陳腐之見。正好相反，有感於臺灣社會普遍不明瞭言論自由問題背後的哲學思辨及上述必殺技，其結果是在談論言論自由問題時，率皆落入理盲濫情、人云亦云的境地，以至於竟淪為自由的敵人而不自知！筆者希望讀者透過書中年輕學子對言論自由問題的理性爭辯、君子交鋒，得以反思、掙脫站不住腳的世俗偏見，而成為蘇格拉底及密爾所期許的理性的人，並獲得威爾‧杜蘭所說的自由。同時，更由衷期許能讓臺灣社會充滿更多自由的盟友及堅定的捍衛者。

　　本書的完成，首先要歸功於政大哲學系系友陳羿蓉的幫助。羿蓉在就讀政大哲學系時擔任筆者的助理，常常不厭其煩的回應（迎戰）筆者蘇格拉底式的詰問，並對故事情節和人物構思給予非常寶貴的建議。其他族繁不及備載的政大同學們，不管是與筆者在課堂上打乒乓球（有時像躲避球）般的問辯交鋒，或是在校園間不意的漫談閒聊，在在均讓筆者深刻體會教學相長的意義與樂趣。政大哲學系則提供筆者優良的寫作、研究及教學環境，在此深表謝忱。此外，對於三民書局編輯群寬宏大量的忍受筆者一再拖延交稿，可以回報的除了謝意外，還有更多的歉意。關渡平原的小狗們非常稱職的代替筆者已逝的愛犬阿大力，常常不計晴雨陪伴筆者在田園中散步、自言自語、構思書中情節，也是功不可沒。最後，對太座的感謝當然必須壓軸演出──雖然筆者並不因寫作而免除分擔家事，然而如果沒有內人的支持、鼓勵及管考，本書想必永遠無法定稿。

我的自由，不自由？

目次

自 序

人物簡介／人物關係圖

【人物簡介】

· 宅憤青，哲學系，喜歡邏輯，尤其醉心於思考悖論 (paradox)。

· 小狗阿力，宅憤青住家巷口黑褐色小狗，喜歡在三姑六婆聊天時在一旁睡覺。

· 卡洛琳，研究生，喜歡深奧的哲學理論，尤其是德國哲學家康德 (Immanuel Kant) 的哲學。

· 阿曼達，女性主義信奉者，社會系，對於性別權力不對等、不平等感到十分不合理，熱衷於促進婦女權益的社會運動，是學校女性主義研究社的副社長。

· 羅斯，是一個喜歡線上遊戲的男孩，法律系，平常最大的興趣是和宅憤青辯論，主題包括各式社會議題，但最主要的話題是說服宅憤青，線上遊戲是優質的休閒娛樂。

· 莉莉，宅憤青的女友，數學系，個性活潑開朗，喜歡沉浸於數學的抽象思考世界，常和宅憤青鬥嘴培養感情。

· 老蘇，宅憤青的學長，哲學系高材生，精通各個哲學家的主張和論證，喜歡掉書袋，宅憤青常向他請教哲學問題。

【人物關係圖】

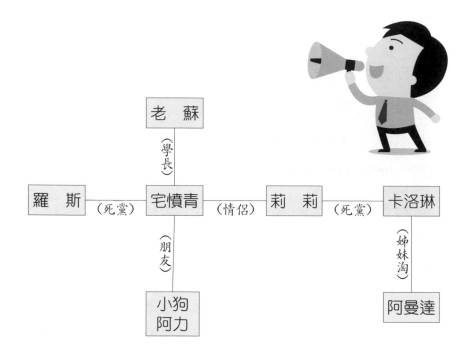

老蘇

（學長）

羅斯 ——（死黨）—— 宅憤青 ——（情侶）—— 莉莉 ——（死黨）—— 卡洛琳

（朋友）

小狗
阿力

（姊妹淘）

阿曼達

✳ 第 一 章 ✳
當宅憤青遇見自由

主題：消極自由、積極自由、第三種自由

故事主角：宅憤青、三姑六婆、巷口小狗阿力

故事：巷口三姑六婆的品頭論足，侵犯了宅憤青的自由。然而宅憤青
在憤怒之餘，卻對於自己為何憤怒一事，說不出個所以然來。
殊不知對於這一切，巷口小狗阿力早已冷眼旁觀，了然於心。
於是有一天，小狗阿力終於開口說話，向宅憤青娓娓道來自由
的故事……

有一天，宅憤青正準備到學校上課。不料，當他走到巷口時，竟然聽到巷口聚集了一些三姑六婆，正在竊竊私語，並對他品頭論足！

在此同時，巷口小狗阿力本來躺在一旁睡覺。當宅憤青走過時，小狗阿力睜開了眼睛，靜靜的打量著他。

「咦？那個人不正是 X 的兒子嗎？長這麼大了啊！他現在在做什麼呢？」第一位三姑六婆問道。

「他現在好像在念政大吧！」第二位三姑六婆問道：「不過念什麼系呢？」

「好像是哲學系吧！」第三位三姑六婆回答道：「不知道他有沒有女朋友呢？」

「好像還沒有女朋友吧？」第一位三姑六婆說道。

「應該有啊！」第二位三姑六婆說道：「我上次看到他和一個女孩子走在一起。那個女孩子看起來比他年紀大。」

「那個女孩子搞不好只是朋友而已！」第三位三姑六婆說：「他搞不好只喜歡男生，是個同性戀吧！」

「念哲學系以後要做什麼呢？」第一位三姑六婆問道：「他現在有沒有在打工啊？」

「不知道他現在一個月賺多少錢？」第三位三姑六婆問道。

殊不知巷口三姑六婆的這一切對話，宅憤青完全都聽在耳裡了！對於巷口三姑六婆的品頭論足，宅憤青感到非常憤怒，可是他卻說不出來為何憤怒！

　　終於下課回家了。宅憤青整天都被巷口三姑六婆的品頭論足所困擾。他總覺得自己的「什麼」遭到了三姑六婆的侵犯；可是究竟是「什麼」，他還是說不出來。

　　這一天，宅憤青就在充滿疑惑中度過，並帶著疑惑進入了夢鄉。當晚，宅憤青做了下面這個奇怪的夢。

＊＊＊＊＊＊＊＊

　　在夢中，巷口小狗阿力對於宅憤青的疑惑竟然早已冷眼旁觀，了然於心了。小狗阿力決定找個機會好好向宅憤青講解這一切究竟是怎麼回事。

　　有一次，宅憤青又經過了巷口。突然間，他聽到了有人對他說話。

　　「宅憤青，你想要知道究竟自己的『什麼』遭到了三姑六婆的侵犯嗎?」

　　「咦? 是誰在對著我說話?」宅憤青大吃了一驚，並左顧右盼的搜尋著聲音的來源。他心想：明明就四下無人呀，怎麼會有人對著他說話呢?

　　「我在對你說話呀!」小狗阿力說道：「我就在你的腳邊呀!」

　　「啊! 阿力，你竟然會說話?」宅憤青大叫道。

　　「我不僅會說話、聽得懂人話，而且還看得透你心裡在想些什麼呢!」小狗阿力說道：「好吧，言歸正傳，請問你想

要知道三姑六婆究竟侵犯了你的『什麼』嗎？」

「喔……請阿力大師開示……」儘管此時宅憤青還是驚魂未定，他還是回應道。

「聽好了！」突然晉升為大師的小狗阿力斬釘截鐵的說道：「三姑六婆侵犯的就是你的『自由』！對！就是『自由』，不多也不少！」

「咦？為什麼是自由？我不懂！」此時宅憤青還是丈二金剛摸不著頭腦。

「OK，聽好了！」小狗阿力繼續說道：「我們常說感冒藥有兩種。『自由』可是有三種呢！想不想知道『自由』有哪三種呢？」

「願聞其詳！」宅憤青求知若渴似的回應道。

「OK，讓我們先談談第一種自由吧！」阿力說：「假設你現在想要走出巷口，而竟然有人擋住你的去路，不讓你往前一步，請問你會有什麼反應呢？」

「喔！怎麼會有這種人？」宅憤青抗議道：「這個人憑什麼擋住我的去路？因為我有走出巷口的自由啊！」

「對極了！」阿力說道：「在上面這種情況下，這個人就侵犯了你的自由了，而且他侵犯的就是你的第一種自由。所以我們可以這樣說：當你在行動時，並沒有人為的外在物理阻礙或干擾，此時你就擁有了第一種自由。讓我們稱第一種自由為『消極自由』。」

「喔，我懂了！那麼什麼是第二種自由呢？」宅憤青求知

若渴的追問道。

「好，讓我們再談談什麼是第二種自由。」阿力說：「請問你當初為什麼要念哲學系呢？」

「喔！因為我覺得念哲學很 cool！」宅憤青突然眼中流露出一道光芒，並滔滔不絕的說道：「念哲學可以讓我去思考平常人不會去思考的有趣問題，例如心物問題、人格同一問題、自由意志與決定論問題，還有……」

「且慢且慢！」趁著宅憤青還沒有沉浸在哲學的世界而無法自拔之前，阿力此時趕快打斷了宅憤青的長篇大論，並說道：「我知道哲學問題很有趣，不過這不是問題的重點。現在我再問你：假設你的父母當初逼你去念（例如）法律系或國貿系，可是你卻對法律或國貿一點也沒有興趣，請問你會有什麼反應呢？」

「我一定會抗議！」宅憤青斬釘截鐵的回應道：「這是我的人生，只有我有權利規劃自己的人生！他們憑什麼干涉我的人生呢？」

「可是如果他們發現了你的人生規劃並不完美，甚至還會荊棘重重，難道他們還是沒有權利干涉嗎？」

「我再說一次，這是我自己的人生！」宅憤青竟有點動怒的說道：「我要過什麼樣的人生，這是我的自由！」

「太好了！」阿力喜孜孜的說道：「所以這就表示：當你的父母強迫你去念法律系或國貿系時，他們就等於侵犯了你的自由了！這就是第二種自由。我們可以稱這第二種自由為

『積極自由』。」

「喔！我懂了！」宅憤青此時終於明白阿力剛才的問題只不過是教學需要而已，原來自己根本就不需要動怒啊！

「所以我們可以這樣說，」阿力繼續解釋道：「當你的行動完全是自己決定的結果（例如：行動是『真正的我』所決定，是自我作主、自律的結果，因此達到了自我實現的目標），此時你就等於擁有了『積極自由』。」

「啊！什麼意思？」此時宅憤青還是不太明白阿力的意思。

「看來你還是沒有完全了解。讓我舉個例子吧！」阿力說：「當你在（例如）開車時，可以隨自己的意思左轉或右轉，並沒有人為的外在物理阻礙或干擾。這時候，從『消極自由』角度觀之，你是自由的。」

「嗯！這我了解。」宅憤青說道。

「另一方面，假設你是一個癮君子，當你在開車時，一心只想趕快找到一家商店買煙，以便滿足煙癮；此時你開車時的左轉或右轉，其實只不過是受煙癮所控制。在這個情況下，從『積極自由』角度觀之，你其實是不自由的，因為你之所以左轉或右轉，一切都只是受內在慾望所驅使、奴役，並不是『真正的我』所決定。」阿力解釋道。

「喔，我懂了！所以當我們在談論『積極自由』時，我們背後必須假定有兩種自我存在，即『慾望的我』以及『真正的我』。」宅憤青說道：「從『積極自由』角度觀之，當我的

行為受『慾望的我』所驅使，則我就是不自由的；只有當我的行為受『真正的我』所主導，此時我才是自由的。是不是啊?」

「說得太好了!」阿力滿意的補充道:「『慾望的我』就是日常生活中活生生的我，所以又可稱為『經驗我』；而『真正的我』又可稱為『理性我』。」

「所以我們可不可以這樣說:由於『積極自由』認為『慾望的我』以及受『慾望的我』所控制的慾望（我們可稱之為『低階慾望』）都是自由的障礙，因此，假設有一個人本來受『低階慾望』驅使，因此並不自由；然而他卻有意或無意的降低自己的『低階慾望』，甚至使得自己完全沒有『低階慾望』，那麼這個人是不是就可以從不自由變成自由呢?」宅憤青問道。

「說得太好了!」阿力回應道:「從『積極自由』角度觀之，一個人的確可以透過降低自己的『低階慾望』，而使得自己從不自由變成自由。」

「既然『積極自由』認為有『低階慾望』，那麼可有『高階慾望』呢?」宅憤青試探性的追問道。

「你猜對了!」阿力高興的說道:「從『積極自由』角度觀之，『高階慾望』就是由『真正的我』所主導的慾望；在『真正的我』主導下，一個自由的人，其『高階慾望』必定獲得滿足；反之亦然。換句話說，『積極自由』認為『自由』和『高階慾望是否獲得滿足』息息相關。」

「OK，讓我們再回到『消極自由』上。我們剛才說：從『消極自由』角度觀之，只要我在行動時，並沒有人為的外在物理阻礙或干擾，這時我就是自由的。換言之，『我在行動時是否有人為的外在物理阻礙或干擾』是自由的關鍵。」宅憤青追問道：「那麼在這裡，『消極自由』所說的我，究竟是『慾望的我』（或『經驗我』），還是『真正的我』（或『理性我』）呢？」

「OK，聽好了！『消極自由』所說的我，是指……」阿力說。

「等一下！讓我猜猜看。」宅憤青搶在阿力說出答案前說道：「我想，相較於『積極自由』，『消極自由』應該會反其道而行，所以它應該會認為『慾望的我』或『經驗我』才是問題的關鍵，是不是這樣啊？」

「對極了！」阿力說道：「從『消極自由』角度觀之，自我只有一種，那就是『慾望的我』或『經驗我』」。

「照這樣說來，從『消極自由』角度觀之，我們只在乎『慾望的我』或『經驗我』，而並不在意『真正的我』或『理性我』。」宅憤青說道：「依『消極自由』，只要『慾望的我』或『經驗我』在行動時受到人為的外在物理阻礙或干擾，那麼就不自由了，是不是？」

「是的。」阿力說。

「可是另一方面，從『積極自由』角度觀之，我們卻認為只有『真正的我』或『理性我』才是自由的關鍵，而『慾

望的我』或『經驗我』則是自由的障礙。是不是這樣啊?」宅憤青問道。

「正是如此!」阿力說道。

「那麼什麼是第三種自由呢?」宅憤青急切的追問道。

「OK,現在讓我們談談第三種自由。」阿力說:「第三種自由和第一、第二種自由不同。第一種自由認為『慾望的我』或『經驗我』及『是否有人為的外在物理阻礙或干擾』是自由與否的關鍵;第二種自由則認為『真正的我』或『理性我』才是自由的關鍵。換言之,第一、第二種自由都認為『自由』的反面是『不自由』。」

「說得很好呀! 這又有何不對呢?」宅憤青問道。

「可是依第三種自由,『自由』的反面應該是『獨裁』,而不是『不自由』。」阿力回答道。

「咦? 為什麼這樣說呢?」宅憤青追問道。

「為了瞭解這點, 我們就不得不提到『自由』這個詞最古老的用法了。」阿力解釋道:「依『自由』這個詞最古老的用法,『自由』一詞並不用在個別的人身上,而是用在某個政治社群上。所以我們不會說『這個人是自由的』,而只會說『這個政治社群是自由的』。」

「所以呢?」宅憤青問道。

「當我們說『這個政治社群是自由的』,我們的意思是這個政治社群的公民積極參與法律的制定,因此這個社群自己管理自己,而不受外族所宰制。」阿力解釋道:「不過這並不

表示政治社群的每個人自然而然的都是公民──例如婦女及奴隸並不是公民，所以他們不是自由人。」

「嗯！了解。然後呢？」宅憤青問道。

「所以依第三種自由，『自由』的反面是『獨裁』。所謂『獨裁』，是指統治者在社群公民並未同意法律，也並未參與法律制定的情況下，武斷、任意的把法律強行施加在沒有能力反抗的人們身上，逼迫人們服從。」阿力繼續說道：「如此一來，這些被逼迫服從的人不就等於是奴隸了？」

「為什麼這些被逼迫服從的人就因而會是奴隸呢？」宅憤青不解的追問道。

「OK，接下來讓我們來談談什麼是奴隸。」阿力說：「請問奴隸過著什麼樣的生活呢？」

「讓我想像一下奴隸的生活會是什麼樣子吧！」宅憤青說道：「假設主人有一天突然心血來潮，突發奇想的在地上畫一條紅線，然後對奴隸說：『從現在開始，你不能跨越這條紅線。』這個時候，奴隸就不可以跨越紅線，而且還必須無條件接受這個命令，不能質疑這個命令。」

「說得太好了！我特別喜歡你所說的『心血來潮，突發奇想』這八個字，因為這八個字生動的刻劃出主人的嘴臉呀！」阿力說道：「所謂『奴隸』，不正是時時刻刻受到主人變幻莫測的意志所宰制的可憐蟲嗎！」

「嗯，『變幻莫測的意志』，這七個字說得對極了！」宅憤青說道。

　　「所以我們可以說：依第三種自由，只要一個人受到他人變幻莫測的意志所宰制（例如：統治者突然心血來潮，武斷的制定法律逼迫人們就範；主人有一天心血來潮，突然在地上畫一條紅線，並命令奴隸不能跨越紅線），此時這個人就是奴隸，而不是自由的人。」阿力結論道。

　　「喔！現在我完全懂了。」宅憤青回應道：「所以我們可以說：第三種自由認為『一個人是否受任意的外力宰制』才是自由與否的關鍵。是不是這樣啊？」

　　「說得太好了！」阿力說道。

　　可是這三種自由和宅憤青的疑問究竟有什麼關聯呢？且待下回分曉。

　　應用倫理學旨在探討日常生活中所面臨的倫理道德問題。當我們在探討這些問題時，我們常常會面臨諸如自由、道德、法律、宗教、人權、習俗、偏見間的糾葛。為此，如何以嚴謹、站得住腳的邏輯、哲學分析來釐清上述糾葛，常常就是我們是否能為這些倫理道德問題提出令人滿意答案的關鍵所在。

　　此外，在解決這些糾葛時，我們常會發現：諸如「自由」、「平等」等核心價值的衝突，也常常是這些糾葛難以解決的根源所在；而「自由」、「平等」等核心價值，又是思考

倫理道德問題時的終極預設。由於本書接下來各章探討的主題都和「自由」息息相關，因此在這一章中，我們打算探討作為倫理道德問題終極預設的其中一種核心價值，即「自由」此一概念。

事實上，對於「自由」此一概念進行哲學探究，在西方哲學文獻中可謂比比皆是。舉其重要者，則為 20 世紀英國著名政治哲學家柏林 (Isaiah Berlin) 所曾提出的「消極自由」(negative liberty) 以及「積極自由」(positive liberty) 這兩個概念。

什麼是「消極自由」以及「積極自由」呢？依柏林之見，只要一個人在行動時，沒有人為的外在物理阻礙或干擾，此時這個人就擁有「消極自由」；而當一個人的行動完全是自己決定的結果（例如：行動是「真正的我」所決定，是自我作主、自律的結果，因此達到了自我實現的目標），此時這個人就擁有「積極自由」。

讓我們舉例說明何謂「消極自由」及「積極自由」：當一個人在（例如）開車時，可以隨自己的意思左轉或右轉，並沒有人為的外在物理阻礙或干擾，這時候這個人是自由的（從「消極自由」角度觀之）；而當一個人在（例如）開車時，其左轉或右轉，其實只不過是受煙癮所控制（假設這個人一心只想趕快找到一家商店買煙，以便滿足煙癮），這時候這個人其實是不自由的（從「積極自由」角度觀之）。

讓我們把本章中所談的「消極自由」及「積極自由」的意義總結如下：

1.當我們談論「消極自由」及「積極自由」時，我們假定了有兩種自我存在，即「慾望的我」及「真正的我」；

2.從「積極自由」角度觀之，當我的行為受「慾望的我」所驅使，則我就是不自由的；只有當我的行為受「真正的我」所主導，此時我才是自由的。

3.「積極自由」認為「慾望的我」及受「慾望的我」所控制的慾望（我們可稱之為「低階慾望」）都是自由的障礙，因此，假設有一個人本來受「低階慾望」驅使，因此並不自由；然而他卻有意或無意的降低自己的「低階慾望」，甚至使得自己完全沒有「低階慾望」，那麼這個人的確可以透過降低自己的「低階慾望」，而使得自己從不自由變成自由。

4.從「積極自由」角度觀之，由「真正的我」所主導的慾望，我們可稱之為「高階慾望」；在「真正的我」主導下，「自由」和「『高階慾望』是否獲得滿足」息息相關：一個自由的人，其「高階慾望」也必定獲得滿足；反之亦然。

5.相較之下，「消極自由」則認為「慾望的我」才是關鍵，並認為只要「慾望的我」在行動時受到人為的外在物理阻礙或干擾，那麼我就不自由；「自由」和「慾望是否獲得滿足」並不相干。

對於「消極自由」，當代哲學家米勒 (David Miller) 另以「自由主義的自由」(liberal liberty) 稱之；而對於「積極自由」，米勒則以「觀念論的自由」(idealist liberty) 稱之。除了「自由主義的自由」（消極自由）及「觀念論的自由」（積極

自由）之外，米勒認為還有「共和主義的自由」(republican liberty)，也就是本章中小狗阿力所說的「第三種自由」，在此不再贅述。

一旦明瞭了自由其實有三種，我們就可以得出下列有趣結論：對於「一個人是否自由」此一問題，從不同的自由概念出發，我們其實會得出不同的答案。讓我們舉例說明：

1.心滿意足的奴隸 (the contented slave)：從「消極自由」角度觀之，心滿意足的奴隸並不自由（因為奴隸的行動受人為阻礙）；然而從「積極自由」角度觀之，心滿意足的奴隸卻是自由的（因為他心滿意足，慾望都獲得滿足）。

2.仁慈、全能的異族統治者：Doe 希望自己的所有慾望都能獲得滿足，也希望自己行為時沒有任何外在限制；Doe 發現 Roe（仁慈、全能的異族統治者）完全了解他的需要，可以幫他滿足自己的所有慾望，而且也可以使得他行為時不受任何外在限制，於是 Doe 把自己完全交付給 Roe 來管理。

從「共和主義的自由」角度觀之，Doe 並不自由（因為他並不是自己管理自己，而是由他人來管理自己）；然而從「消極自由」及「積極自由」角度觀之，Doe 卻是自由的（因為他所有慾望都獲得滿足，而且行為時也不受任何外在限制）。

3.英國人的自由 vs. 極權國家人民的自由：相較於極權國家，英國街道上的紅綠燈較多，所以相較於極權國家的人民，英國人走路、開車時的外在限制較多。

從「消極自由」角度觀之，英國人比極權國家的人民更不自由（因為英國人走路、開車時的外在限制較多）；然而我們卻會認為英國人當然比極權國家的人民更自由。

4.張三及李四的自由：在時間 t 時，張三可以做 1000 件事情，可是卻不能去做 1 件事情，而且這件事情恰好是張三最想去做的事情；相較之下，在時間 t 時，李四只可以做 1 件事情，而且這件事情恰好是李四最想去做的事情。

從「消極自由」角度觀之，在時間 t 時，張三比李四更自由（因為張三行為時可以有 1000 種選擇，而李四行為時只有 1 種選擇）；然而從「積極自由」角度觀之，在時間 t 時，張三卻比李四更不自由（因為張三的慾望並沒有獲得滿足，而李四的慾望卻獲得滿足）。

這表示：「自由」此一概念的內涵，遠比我們想像的還要豐富、複雜得多！

此外，對於「自由」此一概念進行哲學探究後，哲學家也詢問下列問題：我們究竟有沒有「自願為奴」的自由？我們有沒有自願被洗腦的自由？上述這些自由究竟是不是自由？筆者把這些問題留給讀者自行思考。

＊ 第二章 ＊
一切都是為我好？

主題：自由主義、隱私、涉他行為、涉己行為、獨裁專制、大家長主義

故事主角：宅憤青、巷口小狗阿力

故事：接續第一章的故事，在巷口小狗阿力的開導後，宅憤青終於知道何謂「自由」。然而「自由」、「隱私」及「道德」之間其實還存在著錯綜複雜的關係。於是在小狗阿力的帶領下，宅憤青又展開了「自由」、「隱私」及「道德」之旅；在夢境最後，則來到了「自由」與「大家長主義」及獨裁專制的衝突之中……

　　宅憤青的夢境尚未結束。在夢境中，他還是不明白三種自由如何能解答他的疑問。

　　「OK，我現在知道了自由有三種。」宅憤青說道：「可是我還是不知道巷口三姑六婆對我品頭論足，究竟是侵犯了我的什麼呢？」

　　「好吧！讓我開門見山告訴你答案好了。」阿力說道：「看來三姑六婆侵犯了你的隱私了，而隱私又和自由息息相關；所以我們可以說：三姑六婆其實已經侵犯了你的自由了！」

　　「為什麼這樣呢？」宅憤青追問道：「能不能請阿力大師進一步開示呢？」

　　「當然好啦！」阿力問道：「不過，能不能請你先告訴我：你認為什麼是隱私呢？」

　　「讓我舉幾個例子來說明什麼是隱私吧！」宅憤青試著回答道：「例如我獨自在房間裡面所做的事情、我的腦袋裡面所想的事情、我的銀行提款卡密碼，這些都應該是我的隱私吧！是不是呢？」

　　「對極了！」阿力說：「還有呢？」

　　「嗯，讓我再想想……」宅憤青望著遠方，並慢慢回應道：「我記得三姑六婆曾經猜測我是不是同性戀，這顯然和我的性傾向有關；她們也猜測我是不是有女朋友，這和我的感情狀態有關。所以我想『性傾向』和『感情狀態』應該也是一個人的隱私吧！」

「沒錯!」阿力回答道:「還有呢?」

「喔!　我記得三姑六婆還曾經談到了我一個月賺了多少錢。」宅憤青說道:「所以『個人的財務狀況』應該也是隱私吧!」

「沒錯!」阿力說道:「現在你說說看:『獨自在房間裡面所做的事情』、『腦袋裡面所想的事情』、『銀行提款卡密碼』、『性傾向』和『感情狀態』有什麼共同的性質呢?」

「嗯!」宅憤青小心翼翼地說道:「我想它們都是只和自己有關、不影響他人的事情吧!　是不是這樣呢?」

「答對了!」阿力高興地說道:「如此一來,我們就可以定義什麼是隱私了!　簡單說來,隱私是一個『他人絕對不能干涉的領域』。在這個領域中,包含了許多行為,這些行為只和自己有關、不影響他人,因此我們可以為所欲為,他人絲毫沒有置喙餘地。我們可以把這些行為稱為『涉己行為』。換句話說,『隱私』由『涉己行為』所構成。」

「喔,原來如此!」宅憤青還是小心翼翼地追問道:「那麼是不是有些行為其實和隱私無關,所以他人有權干涉呢……我這樣說會不會推論太快了呢?」

「不用擔心,你說得很對!」阿力此時安慰宅憤青,並繼續說道:「你所說的正是『涉他行為』。相較於『涉己行為』,『涉他行為』是指和他人有關、會影響他人的行為,因此別人或政府可以有合理理由干涉我們的『涉他行為』。」

「喔!　我想我懂了!」宅憤青此時豁然開朗,並說道:

「『隱私』是一個『他人絕對不能干涉的領域』。在『隱私』這個領域中，我可以為所欲為，享有完全自由，這正是『隱私』和個人自由息息相關的原因所在啊！」

「所以三姑六婆在侵害你的隱私的同時，也同時在侵害你的自由了！」阿力補充道。

****

「OK，我現在知道『隱私』和『自由』之間的密切關聯了。可是在這裡有一個問題仍然沒有解決。」宅憤青追問道：「我們剛才說自由其實有三種。若是如此，那麼當我們說『隱私』和『自由』之間有密切關聯時，我們所說的『自由』究竟是這三種自由中的那一種呢？」

「這個問題問得太好了！」阿力不由得誇獎了一下宅憤青，並解釋道：「由於第三種自由談的不是個人的自由，而是社群的自由；而『積極自由』和『消極自由』談的是個人自由。這樣看來，第三種自由和我們所關心的『隱私』概念較不相關，而『積極自由』和『消極自由』則和『隱私』概念較為相關。你同意嗎？」

「嗯！看來應該是如此吧。」宅憤青回應道。

「因此，談論『隱私』問題時，我們大可以忽略第三種自由，而把重點放在『積極自由』和『消極自由』上。」阿力說：「所以，讓我們先談談『消極自由』和『隱私』間的關係

吧!　有沒有疑問呢?」

「OK!」宅憤青回應道。

「依『消極自由』，一個自由的人，在行動時並不會受到人為的外在物理阻礙或干擾。」阿力繼續說道:「換句話說，依『消極自由』，一個自由的人擁有一個他人絕對不能干涉的領域（即『隱私』）；在這個領域中，只要我們的行為只和自己有關而不會影響他人（即『涉己行為』），我們想要做什麼，一切隨我們高興，他人絲毫沒有置喙的餘地。是不是這樣啊?」

「是的。」宅憤青說道。

「現在讓我們來看看『積極自由』如何看待『隱私』。」阿力繼續解釋道:「我們之前曾說過:『積極自由』強調『真正的我』或『理性我』才是自由的關鍵，而並不強調自我在行動時不受到人為的外在物理阻礙或干擾；另一方面，『積極自由』也強調行為必須由『真正的我』或『理性我』所主導，而不能由他人所主導。你應該還記得吧?」

「是的，我記得很清楚!」宅憤青回應道。

「所以『積極自由』和『消極自由』一樣，也強調自我擁有一個『他人絕對不能干涉的領域』（即『隱私』）。」阿力說道:「不過『積極自由』認為在該領域中，只有『真正的我』或『理性我』才能主導，他人不能主導。」

「喔，原來如此!」宅憤青此時恍然大悟，同時點著頭回應道。

　　「換句話說，『積極自由』和『消極自由』都強調每個人都有一個他人絕對不能主導或干涉的領域（即『隱私』）。」阿力繼續解釋道：「兩者不同的是：『消極自由』認為這個領域（即『隱私』）不需由『真正的我』或『理性我』所主導──在這個領域中，每個人可以隨心所欲的去做他想做的事情；而『積極自由』則認為這個領域中的行為必須由『真正的我』或『理性我』所主導。」

　　「嗯，看來我愈來愈了解『隱私』和『自由』之間的關係了。原來這裡面學問可多著呢！」宅憤青滿意地說道。

＊＊＊＊＊＊＊＊

　　當宅憤青還滿意地沉浸在「自由」及「隱私」間的關係而無法自拔時，阿力此時突然又開口說道：「除了『自由』和『隱私』有關之外，事實上『自由』、『隱私』還和『道德』有密切關聯呢！想不想知道『自由』、『隱私』和『道德』間的關係呢？」

　　「哇！這真是太奇妙了！請大師開示！」此時宅憤青已經對阿力佩服得五體投地了，於是高興的大聲說道。

　　「OK！讓我們先從『消極自由』如何看待『隱私』與『道德』之間的關係開始談起吧！」阿力繼續說道：「我們剛才曾說過：從『消極自由』角度觀之，在『他人絕對不能干涉的領域』（即『隱私』）中，個人享有完全自由；而且這個『個

人』是『慾望的我』或『經驗我』，而不是『真正的我』或
『理性我』，因為『消極自由』並不在意『真正的我』或『理
性我』。」

「是的。」宅憤青回答道。

「現在重點來了!」阿力說:「從『消極自由』角度觀之，
由於在『隱私』中的行為完全是『涉己行為』（即:只和自己
有關而不會影響他人的行為），因此對於這些行為，不僅法律
沒有充分理由加以處罰，而且道德上也沒有充分理由加以譴
責。」

「哦?」宅憤青此時還沒有完全會意過來。

「這表示:依『消極自由』觀點，『涉己行為』是『法律
不處罰，道德不譴責』。」不等宅憤青會意過來，阿力繼續說
道:「只有當我的行為會影響他人（即『涉他行為』），此時才
有法律處罰和道德譴責的問題。」

「啊! 怎麼會這樣?」宅憤青吃驚的大叫道。

「因此，依『消極自由』觀點，『自由』是一回事，『道
德』又是另一回事——『自由』的領域結束之時，就是『道
德』的領域開始之時。這就是『消極自由』的道德觀。」阿力
最後為「消極自由」的自由觀與道德觀下了一個結論。

「這樣看來，」約莫過了兩分鐘，宅憤青終於打破了沉
默，並追問道:「依『消極自由』的道德觀，既然『自由』和
『道德』如此水火不容，我們又為何要有道德呢?」

「哇! 這又是一個非常有水準的問題啊!」阿力不由得又

誇獎了一次宅憤青，並繼續解釋道：「OK! 聽好了！從『消極自由』角度觀之，每個人都會追求自己利益的最大化，而這又可以由『個人自由』及『個人財產』最大化而獲得實現。」

「所以你的意思是不是：每個人都會想要把個人自由的範圍盡量擴張，這樣才會合乎自己的利益？可是當我們擴展自己自由的範圍時，我們不免就會和別人產生衝突啊！這又如何解決呢？」

「是啊！」阿力回應道：「如果我們不解決人與人在追求自由最大化時所產生的衝突，其結果，則是每個人就無法把自己自由的範圍最大化了。為了解決這個問題，追求自我利益的人們就勢必要坐下來訂定契約，以便一方面盡量最大化自己自由的範圍，另一方面又不會影響他人。」

「所以呢？」宅憤青問道。

「依『消極自由』的道德觀，這就是我們為何要講道德的原因。」阿力繼續解釋道：「上述契約就是道德，只有允許『個人自由』及『個人財產』最大化的契約，才會是追求自利的每個人都會同意的契約。」

「OK! 我明白了！」宅憤青說道：「那麼『積極自由』又如何看待『自由』、『隱私』與『道德』之間的關係呢？」

「好！接下來讓我們來談談『積極自由』的道德觀。」阿力說：「我們之前曾說過：從『積極自由』角度觀之，『真正的我』或『理性我』才是自由的關鍵，記得嗎？」

「嗯……」宅憤青說道。

「換句話說，」不等宅憤青回應，阿力繼續說道：「依『積極自由』觀，當我的行為受『慾望的我』所驅使，則我就不自由；只有當我的行為受『真正的我』所主導，此時我才是自由的。」

「所以呢?」宅憤青不解的追問道。

「接下來就是問題的關鍵了!」阿力說道：「值得注意的是：『積極自由』會認為合乎道德的行為，就是由『真正的我』或『理性我』所主導的行為，而不是由『慾望的我』或『經驗我』所主導的行為。」

「喔! 這倒真是問題的關鍵呀! 所以呢?」宅憤青問道。

「因此，從『積極自由』角度觀之，當我是自由的（即：我的行為受『真正的我』所主導），此時我的行為在道德上就會站得住腳。而且反之亦然：當我的行為在道德上站得住腳，此時我的行為就受『真正的我』所主導，因而就是自由的。」阿力解釋道。

「OK! 我知道了!」宅憤青此時豁然開朗，並接著說道：「這表示：從『積極自由』角度觀之，『自由』和『道德』並不會互相衝突，因為它們都是以『真正的我』或『理性我』的抉擇為基礎。是不是這樣啊?」

「所以我們可以這樣說：『積極自由』強調『真正的我』或『理性我』的重要性，而『真正的我』或『理性我』又使得『自由』和『道德』互相掛鉤在一起。」阿力點點頭，並解釋道：「因此從『積極自由』角度觀之，『自由』和『道德』

並不會互相衝突。」

「另一方面，由於『消極自由』並不強調『真正的我』或『理性我』的重要性，因此『自由』和『道德』就互相脫鉤，並因而產生衝突了。」宅憤青接著解釋道。

「說得太好了！」阿力說：「不過問題還沒結束喔！因為『積極自由』的道德觀可是有兩種呢！想不想知道是哪兩種呢？」

「當然啊！還請大師開示！」宅憤青求知若渴的說道。

「讓我們先談談『積極自由』的第一種道德觀吧！」阿力說：「『積極自由』的第一種道德觀認為：在『真正的我』或『理性我』的主導下，每個人都應該追求、增進個人完美。而只有允許每個人都有廣泛的自由，此時每個人才能去追求上述目標。」

「嗯！看來『自由』和『道德』的確完美的互相掛鉤在一起了。」宅憤青說道。

「此外，依『積極自由』的第一種道德觀，每個人還都應該為了規劃自己的人生而發展自己獨特的能力。在此情況下，每個人自由選擇後的人生，必定是美善的人生。」阿力補充道。

「這個理論看來很完美呀！」宅憤青回應道：「原來談論『自由』、『隱私』及『道德』後，竟然會以『個人的完美』收場！這可是我始料未及的事情呀！」

「嘿，請注意！好戲還在後頭呢！」阿力此時提醒道：

「接下來，可是會有你更始料未及的結論出現呢！想不想知道是什麼呢?」

「哦?是什麼呢?」宅憤青不解的問道。

「聽好了!」阿力說道:「強調『真正的我』或『理性我』很容易變形為『大家長主義』。所謂『大家長主義』，是指他人可以大家長的姿態出現。當大家長出現時，不管每個人有什麼人生規劃或決定什麼樣的生活方式，這個大家長可以強迫每個人遵從他所規定的人生規劃或生活方式，並宣稱他所規定的人生規劃或生活方式，完全是站在每個人的最大利益著想。」

「啊!」宅憤青此時大叫道。

「換言之，『大家長主義』是假藉『以增進個人利益』之名，行『侵害個人自由』之實。」阿力繼續解釋道:「因為在這個大家長看來，每個人的人生規劃或生活方式都是不理性、不明智的。只有作為大家長的他替每個人所做的規劃，才是『真正的我』或『理性我』的人生規劃或生活方式。」

「這真是太恐怖了!」宅憤青說道:「如果強調『真正的我』或『理性我』很容易變形為『大家長主義』，難道它也會變形為獨裁專制嗎?因為『大家長主義』和獨裁專制畢竟只有一步之遙啊!希望我不要猜對才好!」

「可惜你猜對了!」阿力回應道:「強調『真正的我』或『理性我』也很容易成為獨裁者的理論工具，因為獨裁者也會以『真正的我』或『理性我』的面貌出現，並藉故指導每

個人的生活方式、人生目標或計畫。」

「這……」此時宅憤青再也說不出話來了。

「換言之，強調『真正的我』或『理性我』的結果，是獨裁者很可能假藉自由之名，行侵害自由之實。這就是強調『積極自由』的危險之處。」阿力語重心長的說道。

「所以你的意思是：三姑六婆很可能會化身成這個獨裁者？」宅憤青追問道：「希望我這次不要又猜對了！」

「可惜你又猜對了！三姑六婆可能會宣稱：你以為自己很自由，其實你根本就不是真正自由！」阿力說道：「換句話說，她們可能會一方面侵害你的隱私或自由，另一方面又宣稱她們是在幫你獲得真正的自由。」

「這真是太可怕了！」宅憤青此時驚魂未定，不過還是強作鎮定，並追問道：「那麼，對於三姑六婆的可怕獨裁專制，你可有錦囊妙計呢？」

「辦法倒是有一個。」阿力沉思了一會兒，終於回答道：「不過還不知道究竟行不行得通呢！」

「總是得死馬當活馬醫吧！」宅憤青憂心的說道：「難道我們要眼睜睜看著『大家長主義』或獨裁專制橫行嗎？」

「OK！辦法很簡單，就是加上『尊重他人』及『中立』這兩個原則。」阿力說道：「這樣就得出了『積極自由』的第二種道德觀。」

「為什麼加上『尊重他人』及『中立』這兩個原則，我們就可以避免『大家長主義』或獨裁專制呢？」宅憤青不解的

問道。

「你可聽好了!」阿力繼續解釋道:「依『積極自由』的第二種道德觀,社會是由許多具有多樣性的個人所構成,每個個人都有其獨特的人生目標、個人志趣,對於何為『美善人生』也各有不同看法。」

「嗯!　然後呢?」宅憤青問道。

「唯有我們不把自己所認為的特定美善概念強加於他人身上,如此一來,我們才能真正尊重他人。」阿力繼續說道:「因此,依『積極自由』的第二種道德觀,只有『尊重每個人都是獨立個體』及『對美善概念保持中立』這兩個原則,才能是社會所賴以管理的原則,也才能是道德原則。」

「嗯……」宅憤青說道。

「換句話說,『積極自由』的第二種道德觀認為:社會管理個人所依賴的原則,就不應該預設任何特定的美善概念。」阿力說道:「這樣一來,我們就應該可以避免『大家長主義』或獨裁專制了,因為『大家長主義』或獨裁專制正是認為每個人都應該遵從一個特定的美善概念,而且這個特定的美善概念正是『大家長主義』或獨裁專制所認定的美善概念!　除此之外,別無分號!」

「嗯!　這個辦法乍看之下還蠻有道理呀!」宅憤青說道。

「我們也可以稱由『尊重他人』及『中立』這兩個原則所得出的主張為『多元主義』。」阿力結論道:「『多元主義』可以說是『大家長主義』或獨裁專制的剋星呀!」

此時，阿力及宅憤青雙雙陷入了沉思之中。

「『積極自由』的第二種道德觀及『多元主義』也許可以使得『積極自由』不變形為『大家長主義』或獨裁專制。」宅憤青心想：「然而真是如此嗎？」

****

就在此時，宅憤青終於從夢中驚醒了。「真奇怪呀！我竟然做了一個關於『自由』的夢。」宅憤青喃喃自語道。

隔天一早，宅憤青又從巷口走過，只見小狗阿力還是照例在巷口睡覺，連睜眼看他一眼都沒有。

「他真的是懂得『自由』是什麼的阿力大師嗎？應該不是吧？」宅憤青自問自答道。一個疑惑好不容易送走，另一個疑惑竟然又接踵而至呀！

在這一章中，我們承繼上一章所探討的「自由」概念，繼續探討「自由」、「隱私」及「道德」之間的關係。

自由主義者大抵主張三種道德觀：

A. 有些自由主義者認為：「追求、增進個人完美」是我們每個人的道德目標，而只有允許每個人都有廣泛的自由，此時每個人才能去追求上述道德目標。我們可以稱這種自由

主義的道德觀為「完美主義的道德觀」（perfectionist ethic，也就是小狗阿力所稱的「積極自由」的第一種道德觀）。

依「完美主義的道德觀」，每個人為了規劃自己的人生而發展自己獨特的能力，在此情況下，每個人自由選擇後的人生，必定是美善的人生。「完美主義的道德觀」的代表哲學家是 19 世紀英國哲學家密爾（John Stuart Mill）。

然而有些自由主義者並不認同「完美主義的道德觀」。我們可以稱這種自由主義的道德觀為「道德契約論」（moral contractualism）。「道德契約論」又分為下列兩種：

B.「以尊重為本的道德契約論」（或「康德式的契約論」，即 Kantian contractualism，此即小狗阿力所稱的「積極自由」的第二種道德觀）；

C.「以自利為本的道德契約論」（或「霍布斯式的契約論」，即 Hobbesian contractualism，也就是小狗阿力所稱的「消極自由」的道德觀）。

依「以尊重為本的道德契約論」，社會是由許多具有多樣性的個人所構成，每個個人都有其獨特的人生目標、個人志趣，對於何為「美善人生」也各有不同看法。在此情況下，社會管理個人所依賴的原則，就不應該預設任何特定的美善概念。

「以尊重為本的道德契約論」認為：唯有我們不把自己特定的美善概念強加於他人身上，如此一來，我們才能真正尊重他人。因此，只有「尊重每個人都是獨立個體」的原則

才能是社會所賴以管理的原則，也才能是道德原則。「以尊重為本的道德契約論」的代表哲學家是 18 世紀日耳曼哲學家康德 (Immanuel Kant)。

相較之下，支持「以自利為本的道德契約論」的哲學家則贊同「以尊重為本的道德契約論」之見，也認為道德主要是社群中個人與他人訂約的結果。可是他們認為上述約定主要是以「自我利益」為基礎，而不是如「以尊重為本的道德契約論」之見，以「尊重他人」為基礎。

依「以自利為本的道德契約論」，每個人都是自利的，可是每個人在追求自我利益的同時又常會互相衝突。在此情況下，每個人就會為了追求自己的利益而相互約定、建構一個既能利人、也能利己的架構或社會制度。

依「以自利為本的道德契約論」之見，在上述架構中，個人自由和個人財產佔有舉足輕重的角色──只有允許個人自由及個人財產最大化的架構，才會是追求自利的每個人都會同意的架構。「以自利為本的道德契約論」認為上述既能利人、也能利己，而且允許個人自由及個人財產最大化的架構，就是道德。「以自利為本的道德契約論」的代表人物是 17 世紀英國哲學家霍布斯 (Thomas Hobbes)。

在本章最後，小狗阿力指出了「完美主義的道德觀」（或「積極自由」的第一種道德觀）可能會淪為獨裁政權或大家長主義的幫凶。事實上，這正是 20 世紀英國著名政治哲學家柏林 (Isaiah Berlin) 的主張。柏林曾指出：強調「積極自由」

的結果，則會為獨裁政權提供理論基礎。如何一方面強調「積極自由」，另一方面又避免淪為獨裁政權的幫凶，就成為往後政治哲學家必須解決的問題之一了。

＊ 第 三 章 ＊
我 的 Ａ 級 娛 樂

主題： 變態與道德、色情刊物問題

故事主角： 宅憤青、卡洛琳

故事： 宅憤青和一群男生平常喜歡看Ａ片，而且還常常討論劇中的
　　　 AV女優。對此，卡洛琳非常受不了——她認為宅憤青這些男
　　　 同學的娛樂非常低級、變態、非常不應該！不過宅憤青卻深深
　　　 不以為然——宅憤青認為看Ａ片只不過是個人私下無傷大雅
　　　 的娛樂而已。於是，有一天宅憤青終於和卡洛琳展開一場激
　　　 辯……

卡洛琳是宅憤青的學姊，是政大研究所的學生。

宅憤青常常在上學途中思考一些上課時或書本中所談到的哲學問題。卡洛琳則從大學時代開始就是一個哲學迷，常常去哲學系修課。卡洛琳常在一些哲學問題的立場上和宅憤青針鋒相對，互不相讓。

宅憤青的邏輯學得很好，常常說我們可以用邏輯分析的方法來拆解哲學問題。對於宅憤青邏輯分析這個「獨門絕活」，卡洛琳深深不以為然（她認為宅憤青根本就是「一招半式闖江湖」）。她認為除了邏輯分析之外，還有更好的方法面對哲學問題。

可是當宅憤青詢問卡洛琳，究竟還有什麼方法比邏輯分析這個「獨門絕活」更好時，卡洛琳卻答不出個所以然來。卡洛琳有時候答「直覺」，有時候答「洞見」。可是對於這兩個答案，宅憤青總是狐疑的看著卡洛琳，並要求她進一步說明。

雪上加霜的是：對於「直覺」及「洞見」這兩個答案，卡洛琳總是無法提出進一步解釋！

結果兩個人常常就因為「究竟還有什麼比邏輯分析更好的哲學方法」這個問題而鬧得不可開交，最後總是不歡而散。

卡洛琳道：「天啊！我實在不敢相信自己的眼睛……宅憤青，你們這些變態的人究竟在看什麼東西？」

這時只見卡洛琳站在宅憤青死黨羅斯的宿舍房門口，看著宅憤青、死黨羅斯及一群男同學們，正在觀賞剛從網路下載的 A 片。一聽到卡洛琳在房門口大聲斥責，宅憤青的死黨

羅斯及其他男同學們馬上藉故鳥獸散了，只留下宅憤青一個人在房裡面對火冒三丈的卡洛琳。

　　不過宅憤青倒也不疾不徐的退出 A 片，還一臉正經的回答道：「我們剛才正在觀賞高等哺乳動物交配紀錄片呀！」

　　「喔！這可真是強詞奪理呀！」卡洛琳說：「你們難道不覺得自己的行為很噁心嗎？你的女朋友莉莉知道你有這種噁心的嗜好嗎？我一定要告訴莉莉這件事，你等著瞧吧！」

　　「這只不過是我個人私下的嗜好而已，為什麼要反應這麼激烈？」宅憤青回應道。

　　「話雖如此，可是這並不表示私下的嗜好就沒有噁心的問題呀！一個嗜好噁心就是噁心，不會因為它是一個人關在房裡所從事的嗜好而有不同。」卡洛琳斬釘截鐵的說。

　　「所以妳的意思是說，我根本就不應該私底下在房間裡從事這麼噁心的嗜好囉？」

　　「正是如此！」卡洛琳說。

　　「而且私下看 A 片不僅是非常噁心的嗜好，它也是非常低級的娛樂，甚至還可以說很變態，是不是？」

　　「再正確不過了！」卡洛琳滿意的回答道。她心想：看來今天有機會可以挽救一個重度 A 片成癮患者了！

　　「如果我沒有誤解妳的意思，」宅憤青繼續說道：「妳應該是認為：凡是會讓一般人覺得噁心的事情，或是會讓一般人覺得變態的事情，無論是不是關在房間裡做這些事情，我們都沒有自由做這些事情，是不是這樣呀？」

「嗯，你可以這麼說。」卡洛琳稍微思考了一下，不過還是猶豫的回應道。

「讓我們先從『會讓人覺得噁心的事情』開始談起好了，」宅憤青說道：「一個人在自己的房間裡嘔吐，是不是會讓一般人覺得噁心呀？」

「嗯……你可以這麼說，不過……」卡洛琳發現自己中計了，所以連忙想搶回發球權。

不過宅憤青畢竟不是省油的燈。他搶在卡洛琳插話之前，繼續追問道：「如果是這樣，那麼我們是不是就沒有在自己的房裡嘔吐的自由了呢？」

「你完全曲解了我的意思，這不公平！」卡洛琳抗議道：「明理的人都會知道『在房裡看 A 片』和『在房裡嘔吐』當然是完全不一樣的事情，不能相提並論呀！」

「怎麼不一樣呢？妳剛才說它們都是會讓一般人覺得噁心的事情，不是嗎？」宅憤青追問道。

「好吧！我承認剛才說得太快了。」卡洛琳決定讓步了，並補充道：「『在房裡看 A 片』和『在房裡嘔吐』之所以完全不一樣、所以不能相提並論，根本原因在於『在房裡嘔吐』雖然噁心，可是並不變態；然而『在房裡看 A 片』卻既噁心，又變態！」

「所以妳的意思是說：『凡是會讓一般人覺得噁心的事情』並不是重點，『凡是會讓一般人覺得變態的事情』才是重點囉？」宅憤青問道。

「Exactly!」卡洛琳覺得這下子應該萬無一失了吧!

「所以妳的意思是說：即使是私底下，我們也沒有做『會讓一般人覺得變態的事情』的自由，是不是?」

「再正確不過了!」卡洛琳斬釘截鐵的說道。

「請問變態的事情有什麼特徵呢?」宅憤青問道。

「這很簡單呀!」卡洛琳回應道：「變態的事情的特徵之一，是一般人根本不會去做。」

「妳的意思是：在正常情況下，一般人並不會去做變態的事情；只有反常的人才會去做變態的事情，是不是?」

「不過話也不能這樣說。」卡洛琳這下學乖了。她可不想再像上次一樣第一次就把話說得太滿，以至於讓宅憤青抓到把柄。這一次，她決定先發制人，先修正自己的主張再說。

「我的意思是：很多事情雖然一般人在正常的情況下並不會去做，可是我們卻也不會說這些事情變態。」卡洛琳補充道：「例如：一般人在正常的情況下並不會用鼻子喝水，可是我們卻不會說『用鼻子喝水』很變態；一般人在正常的情況下並不會隨地便溺，可是我們卻不會說一個人隨地便溺很變態。」

「我再同意不過了!」宅憤青補充道：「相反的，變態的事情卻不會因為很多人去做而漸漸變得不變態。例如：暴露狂的行為很變態，而這種變態並不會因為很多人變成暴露狂而漸漸變得不變態。」

「可見『一般人在正常的情況下會不會去做 A』顯然並

不能是『A 是否是變態的事情』的標準，我們還需要另外一些標準才行！」宅憤青結論道。

「你可有什麼 idea 呢？」卡洛琳問道。

「想像一下現在有兩個人，」宅憤青說道：「一個是張三，另一個是李四。張三除了吃一般人吃的食物之外，也吃教科書維生；而李四則絕不吃一般人吃的食物，只吃教科書維生。請問那一個人比較變態呢？」

「哇！兩個人都很變態！不過如果一定要選一個人的話，我想李四比較變態吧！」卡洛琳回應道。

「我同意妳的主張。」宅憤青說道：「現在再想像一下有王五和趙六這兩個人，王五除了閱讀孔子的《論語》跟其他書刊之外，也觀賞 A 片；而趙六則除了 A 片之外，從不閱讀其他任何書刊或觀賞其他任何影片。請問誰比較變態呢？」

「這還用說，當然是趙六！」卡洛琳恨得牙癢癢的說道。

「如果是這樣的話，」宅憤青追問道：「那麼王五和趙六誰的行為比較不應該，或者說誰的行為在道德上是錯的呢？」

「我寧可說兩個人的行為都不應該，因為兩個人都看 A 片！」卡洛琳義正辭嚴的說道。

「如果一定要從兩個人之中選出一個人，那麼妳認為王五和趙六誰的行為比較不應該呢？」宅憤青問道。

「我想應該是趙六，這你應該也會同意吧？」卡洛琳問道。

「所以妳的意思是說：『行為是否變態』可以決定一個行

為是否應該──如果一個行為是變態的，則這個行為就不應該?」宅憤青問道。

「對極了!」卡洛琳回應道。

「而且妳還認為:『行為變態的程度』和『行為應不應該』兩者之間呈現正相關的關係──如果一個行為愈變態，則這個行為就愈不應該，反之亦然?」宅憤青問道。

「嗯……你可以這麼說。」卡洛琳有些猶豫的說道。她心想: 這又有什麼不對呢?

「如果是這樣，」宅憤青繼續說道:「那麼妳就必須解釋為何王五和趙六兩個人都看 A 片，可是趙六的行為卻比較不應該，或比較變態了。請問這是為什麼呢?」

「喔! 是呀，為什麼呢?」面對這個突如其來的問題，卡洛琳愣住了，一時間答不上來。

「好吧! 讓我來幫妳設想可能的解釋方式好了。」宅憤青說道:「其中一種解釋如下: 趙六的行為比較不應該，因為他除了 A 片之外，從不閱讀其他任何書刊或觀賞其他任何影片。而『從不閱讀其他任何書刊或觀賞其他任何影片』)，正是趙六的行為之所以比較不應該或比較變態的根本原因。這樣說得通嗎?」

「好像很有道理吧!」卡洛琳說道。

「然而若是如此，則趙六的行為之所以較不應該或比較變態，就不會是由於『觀賞 A 片』所致了! 換句話說，如果是這樣的話，那麼觀賞 A 片就並不會使得一個人的行為較不

應該或比較變態了！」宅憤青說道。

「啊！怎麼會這樣……」卡洛琳大叫道。她不知道究竟是哪個環節出錯了，竟然會被奸詐的宅憤青誘導出這個結論來！

在這一章中，宅憤青和卡洛琳對於「我們是否有觀賞 A 片的自由」此一問題展開激辯。

事實上，「我們是否有觀賞 A 片的自由」此一問題和「政府是否有充分理由查禁 A 片」此一問題有關，而在當代西方自由主義者的眼中，「政府是否有充分理由查禁 A 片」此一問題其實又和言論自由 (freedom of speech) 息息相關。為此，我們必須首先瞭解西方自由主義者如何看待言論自由。

言論自由向來是以 19 世紀英國哲學家密爾 (John Stuart Mill) 為代表的自由主義者所珍視的價值。在《論自由》(On Liberty) 中，密爾曾提出著名的「傷害原則」(the harm principle)，認為「傷害他人」是政府限制個人自由的唯一合理理由。此外，密爾在《論自由》中似乎也極力為「絕對、毫無限制的」(absolute and unqualified) 言論自由辯護，並主張：即使我們以為他人的言論內容錯誤或不道德，甚至以為他人把言論表達出來會帶來「毀滅性的後果」(pernicious consequences)，我們都還是應該允許他人把言論表達出來。

密爾因此堅持在思想自由和言論自由的領域中，我們應完全排除「強制」(coercion) 的作法，而以「勸服」(persuasion) 為手段。

　　有了以上瞭解，我們就可以進一步解釋何以「政府是否有充分理由查禁 A 片」此一問題和言論自由息息相關了：由於色情刊物是一種言論，而且我們也沒有強而有力的證據，證明色情刊物的出版或消費行為會「傷害他人」，因此，依自由主義者之見，一個理性而以自由為核心價值的政府，當然沒有充分理由立法查禁色情刊物。

　　由上述討論可見：對於色情刊物，自由主義者多以言論自由問題視之，並認為政府當局並沒有合理理由，禁止或限制色情刊物的出版、散播或消費行為。

　　然而在人類歷史中，自由主義者所主張的言論自由及對色情刊物所抱持的容忍態度，總是不乏反對者。對於「色情刊物應否查禁」此一問題，以往爭論的兩造為自由主義者與保守主義者。

　　保守主義者認為色情刊物公然呈現「和性有關」的內容，這不僅會侵蝕傳統家庭觀念與違背宗教教義，而且也會冒犯多數社會成員。此外，色情刊物鼓勵變態的性行為，這不僅會瓦解公眾的道德觀念，而且也會危及社會穩定。保守主義者因此認為色情刊物的消費不利於社會。

　　此外，保守主義者也認為色情刊物的消費不利於個人，因為它不僅有害個人人格，而且還不利於個人生命的開展。

　　難怪戴夫林 (P. Devlin) 及桑德爾 (M. Sandel) 會因此認為，政府有充分理由強制社會成員遵守既定的道德標準。保守主義者因此認為政府既有充分理由限制社會成員出版、消費色情刊物，也有充分理由限制社會成員私下的色情刊物消費行為。

　　對於保守主義者「限制色情刊物」的主張，自由主義者並不表贊同，並主張我們應對於色情刊物的出版，與個人私下的色情刊物消費行為寬容以待。然而這並不表示自由主義者贊成色情刊物的出版或消費行為──相反的，許多自由主義者也認為某些色情刊物的內容的確不堪入目，而且色情刊物的確是「較無價值」的言論。

　　即使如此，自由主義者認為政府並不能因此理直氣壯的查禁色情刊物──恰恰相反，他們認為我們還是沒有充分理由限制或查禁色情刊物。為何如此？原來自由主義者堅持下列重要原則：我們不能僅僅因為「社會多數成員認為心智健全的成年人的信念或嗜好錯誤、冒犯他人或較無價值」，而主張要限制心智健全的成年人，表達其信念或沉溺於其個人嗜好的自由；社會多數成員並不能立法壓迫少數不認同社會標準的成員，或強迫少數成員接受社會多數成員所接受的道德標準。

　　自由主義者之所以堅持上述原則，其根本理由在於自由主義者強烈主張「個人自由」及「言論自由」的重要性，並反對政府在缺乏充分理由的情況下，干涉個人自由及言論

自由。

　　如前所述，為此，自由主義者援引密爾在《論自由》一書中所提出的「傷害原則」，認為「傷害他人」是政府限制個人自由的唯一合理理由。而由於我們並無強而有力的證據，證明色情刊物的出版或消費行為會「傷害他人」，自由主義者因而認為色情刊物的出版，與個人在私領域中的色情刊物消費行為，理當屬於個人自由及言論自由，國家無權干涉。

　　我們可以把自由主義者反對查禁色情刊物的理由歸結為下列三個。事實上，這三個理由早已出現在密爾的《論自由》一書中，而且也構成了自由主義反反色情及「反對言論檢查」(anti-censorship) 的理論基礎：

　　一、「言論自由」的重要性：自由社會的成員擁有言論自由，即使他人認為某個意見錯誤或冒犯他人，自由社會的成員都擁有把該意見表達出來的自由。

　　二、「隱私權」(a right to privacy) 的重要性：自由社會的成員擁有隱私權，因而自由社會的成員在私領域中，擁有探索、沉溺於個人嗜好和信念的自由，不能受他人或國家的壓制或干涉。限制色情刊物的出版或消費顯然侵犯個人的隱私權。

　　三、「傷害原則」的重要性：無論是色情刊物的出版或是個人私下的色情刊物消費，皆無明顯證據顯示會對他人造成明確而巨大的傷害，可見色情刊物是無害 (harmless) 的言論。若是如此，則依密爾的「傷害原則」，國家當然無權限制自願

的色情刊物出版與個人私下的色情刊物消費行為。

　　自由主義者反對查禁色情刊物的前兩個理由(即強調「言論自由」及「隱私權」的重要性）可以進一步歸結為當代自由主義理論健將德渥肯 (Ronald Dworkin) 的「道德獨立權利」(a right to moral independence) 此一概念，即：社會中的任何成員，不能僅因社會其他成員認為其生活方式可議，而在利益及機會分配上受到不利的待遇（包括法律所規定的不利待遇在內）。

　　我們可以把德渥肯的主張總結如下:「社會多數成員認為色情刊物內容不道德或贊成查禁色情刊物」此一理由，既不能作為限制色情刊物出版商的言論自由的充分理由，更不能以此限制個人在私領域中的色情刊物消費行為，因為如此一來，即會侵害色情刊物出版商，和色情刊物消費者的「道德獨立權利」。

　　不僅如此，如果社會多數成員竟能指導少數成員的生活方式，則這顯然侵害了「平等」、「尊重」的個人基本權利。而由於自由社會中的成員擁有「道德獨立權利」，因此德渥肯認為他們當然也擁有「色情權利」(a right to pornography)。

* 第四章 *
威尼斯商人及
達爾文演化論

主題：滑坡效應、寒蟬效應、色情刊物問題

故事主角：宅憤青、卡洛琳

故事：在本章中，宅憤青和卡洛琳對於「我們是否有觀賞Ａ片的自由」此一問題展開第二場辯論。卡洛琳認為宅憤青這些男同學的娛樂把女性當作性對象，非常不尊重女性！而且Ａ片也會傷害婦女！不過宅憤青還是不以為然──他認為我們有言論自由，所以我們當然可以看Ａ片。宅憤青和卡洛琳究竟誰的主張有理呢？

「OK！我承認『觀賞Ａ片』的確不會使得一個人的行為變得更不應該或比較變態，可是你總不能否認『觀賞Ａ片』這件事情本身就是不應該去做的事情，或者它本身就是一件變態的事情吧？」思考了片刻後，卡洛琳終於重起爐灶，並試著反擊道。

她心想：這下應該讓我逮到把柄了吧！

「所以『觀賞Ａ片』這件事情之所以不應該，根本原因正是因為它很變態嗎？」宅憤青問道。

「沒錯！」卡洛琳說道。

「那麼為什麼有些行為雖然變態，可是我們卻不會說它們不應該呢？例如：我們並不會指控一個只吃教科書維生的人不應該，我們也不會指控一個喝尿的人不應該，不是嗎？」

「喔！因為『吃教科書』和『喝尿』並不會傷害他人，可是『觀賞Ａ片』卻會傷害他人！這正是重點所在！」卡洛琳急中生智，終於想出了「是否傷害他人」這個標準來了。

「所以重點其實並不是『觀賞Ａ片很變態』，而是『觀賞Ａ片會傷害他人』，是不是？」宅憤青問道。

「是的！」卡洛琳說道。

「這樣說來，我們並不能從『觀賞Ａ片很變態』，推論出『觀賞Ａ片不應該』這個結論，而只能從『觀賞Ａ片會傷害他人』，推論出『觀賞Ａ片不應該』這個結論，是不是？」宅憤青問道。

「對極了！」卡洛琳回應道。

「可是為什麼我在房間裡觀賞Ａ片，竟然會傷害他人呢？我只有在房間裡觀賞Ａ片而已，除此之外，我什麼事情也沒有做呀！」宅憤青抗議道。

「喔！只要你一出房門，你就有可能會傷害他人了……因為你可能會在血脈賁張、性慾難耐的情況下強暴婦女，嘿嘿！」卡洛琳露出詭異的微笑，並冷冷的說道。

「所以妳的意思是說：『Ａ片』和『性犯罪』之間具有緊密的因果關聯，是不是？」宅憤青問道。

「正是如此！」卡洛琳說道：「『Ａ片』和『性犯罪』之間具有緊密的因果關聯，這非常具有說服力，不是嗎？試問：如果廠商不相信商品廣告會刺激消費者前來購買商品，那麼廠商還會願意大手筆製作廣告嗎？同理，Ａ片當然也會刺激人們的性慾，並導致性犯罪了。」

「這樣一來，妳就大錯特錯了！」宅憤青抗議道：「我們可以想像張三一方面讚賞某個商品廣告非常有趣，可是卻不會外出購買該產品；我們可以想像李四一方面在家裡觀賞殺人電影，可是出門時卻不會因此殺人；同理，我們也可以想像王五在家裡觀賞婦女遭受強暴的Ａ片，可是卻不會因此外出強暴婦女。不是嗎？」

「好吧！我修正我的主張。我認為王五和趙六的行為都同樣不應該，沒有誰的行為比較不應該的問題。這下你總該滿意了吧？」眼見「Ａ片—性犯罪說」並不能幫自己扳回一城，卡洛琳決定再度修正自己的主張。

「為什麼？因為『觀賞 A 片』這個行為是變態的嗎？而因為王五和趙六兩個人都看 A 片，都一樣很變態，所以他們的行為都一樣不應該，是不是呀?」宅憤青再度問道。

「是的。」卡洛琳回應道。

「可是妳剛才說相較於王五的行為，趙六的行為比較變態；現在妳卻又說王五和趙六兩個人的行為都同樣不應該，因為兩個人都看 A 片。妳的主張顯然有了矛盾。」宅憤青說道。

「好吧！我再修正我的主張。我認為王五和趙六的行為都同樣變態，所以都同樣不應該。」卡洛琳回應道。

「可是妳剛剛才同意說：我們並不能從『觀賞 A 片很變態』，推論出『觀賞 A 片不應該』這個結論，不是嗎?」宅憤青問道。

這下子卡洛琳完全啞口無言了。她真痛恨自己在大一時沒有好好學邏輯，現在才會落得如此下場！

****

「好吧，我承認看 A 片之所以不應該，也許和它變態與否無關吧！」沉默了一會兒，卡洛琳終於讓步了，並決定另起爐灶。「觀賞 A 片之所以不應該，是因為 A 片物化女性！這下子你總該無話可說了吧！」卡洛琳說道。

「喔！這可是非常嚴重的指控。」宅憤青說道：「我對『A

片物化女性』這個主張一點也不陌生，因為我常常聽到有人這樣主張。不過老實說，我不太明白這個主張的確切意思究竟是什麼。妳能不能解釋一下呢？」

「喔，原來你不懂呀！」卡洛琳說道：「所謂『物化女性』，是指『女性被當作物品而不是人來看待』。所以『A片物化女性』，是指『A片使得婦女被當作物品，而不是一個人』。為什麼A片會使得婦女被當作物品呢？因為在A片中的婦女都只是男性的性對象而已，所以當然不被當作一個人來看待。這下子你總該明白了吧？」卡洛琳滔滔不絕的說道。

「喔，我大概瞭解了。妳的意思是不是說：婦女應該和男性一樣都被當作人來看待，可是A片卻使得婦女不被當作人，所以A片會使得婦女處於不平等的處境，而這是非常不公平的。是不是？」宅憤青說。

「對極了！」卡洛琳說道。

「不過這樣一來，妳可能會推論出自己不想接受的結論喔！」宅憤青提醒道。

「啊！為什麼呢？」卡洛琳緊張的追問道。

「讓我再確定一件事：妳剛才是不是說A片會使得婦女處於不平等的處境？」宅憤青問道。

「是的！」卡洛琳說道。

「所以妳的意思是：凡是發表會使得他人受到不公平的差別待遇的言論，都是非常不應該的，是不是？」宅憤青問道。

「是的！」卡洛琳斬釘截鐵的說道。

「那請問政府要不要管制一下這種言論呢?」宅憤青問道。

「喔! 政府出面管制一下當然最好了。現在臺灣人實在太自由了，愛說什麼就說什麼，所以社會才會這麼亂!」卡洛琳回應道。

「所以妳的意思是: 凡是會使得他人受到不公平的差別待遇的言論，政府都必須限制或禁止，是不是?」宅憤青問道。

「這又有什麼不對呢?」卡洛琳說道:「這難道不是政府該為我們做的事情嗎?」

「除此之外，凡是針對社會上已處於不利地位的個人或團體，提出批評或抨擊的言論，我們當然也必須限制或禁止，因為這些言論顯然會使得已經處於不利地位的個人或團體，繼續受到不公平的差別待遇，是不是?」宅憤青問道。

「是呀! 這種言論很可惡，不是嗎?」卡洛琳說道。

「如果是這樣的話，」宅憤青開始質疑道:「那麼莎士比亞的喜劇作品《威尼斯商人》，把猶太人描述為嗜財如命的大惡棍，並強化了根深柢固的種族偏見，這顯然使得社會上已處於不利地位的猶太人，繼續受到不公平的差別待遇。如果是這樣，那麼我們是不是應該查禁莎士比亞的《威尼斯商人》呢?」

「喔……莎士比亞的《威尼斯商人》當然不應該查禁吧!」卡洛琳面紅耳赤的說道。

「問題還沒結束呢!」宅憤青說道:「此例一開，政府也

可以禁止夜店裡嘲諷同性戀的漫畫或打油詩，因為這種言論會使得處於不利處境的同性戀者，更處於不利的地位，不是嗎?」

「好吧!　我承認這些言論都沒有充分理由禁止，不過應該到此為止了吧!」卡洛琳心裡希望宅憤青不要再舉例了，因為她實在招架不住了。

「可惜還不止如此呢!」宅憤青繼續說道:「如果此例一開，恐怕達爾文的演化論也得查禁了!」

「啊!　為什麼?」卡洛琳花容失色的大叫道。

「讓我解釋為何如此，」宅憤青說道:「請問妳是不是教徒呢?」

「喔!　我不是。」卡洛琳說道:「不過我們還是得尊重別人的宗教信仰自由，不是嗎?」

「在現在社會中，很多人和妳一樣並不是教徒，所以並不相信世界是由上帝所造，是不是?」宅憤青問道。

「是呀!」卡洛琳說道。

「所以今天如果一個創造論者大聲在街上說『世界是由上帝所造』，他應該會受到他人的嘲弄、戲謔，甚至言語霸凌，是不是?」

「當然了，因為他的主張太不合乎科學了，當然會被嘲笑了。」卡洛琳說道。

「請問創造論者為什麼會受到他人的嘲弄、戲謔，甚至言語霸凌呢?」宅憤青問道:「請問這難道不是因為達爾文的

演化論所造成的後果？因為達爾文的演化論使得大家都再也不相信創造論，甚至覺得創造論太可笑了，不是嗎?」

「應該是吧！不過把這一切怪罪給達爾文的演化論，也太不公平了吧!」卡洛琳說道。

「所以我們是不是可以說：達爾文的演化論已經使得創造論者的言論，無法獲得他人充滿同情的理解，並使得創造論者受到不公平的差別待遇!」宅憤青說道：「既然如此，政府當然就應該查禁達爾文的演化論了!」

「……」空氣頓時凝結了，卡洛琳這下子無話可說了。

「所以為何觀賞 A 片不應該呢？妳還是沒有給我一個令人滿意的解釋。」宅憤青最後比出勝利的手勢，並又回房間觀賞 A 片去了。

在這一章中，宅憤青和卡洛琳對於「我們是否有觀賞 A 片的自由」此一問題又進行了第二場辯論。

誠如宅憤青在本章中所指出，對於「政府是否有充分理由查禁 A 片」此一問題，自由主義者會質疑「查禁色情刊物」(censorship) 策略及「傷害原則」所帶來的實際困難。他們認為除非能對「色情刊物」及「傷害原則」中的「傷害」等字詞給予明確的定義，否則在查禁色情刊物時，就會不可避免的也連帶查禁了其他不受公眾歡迎、卻在直覺上認為不

應查禁的言論，例如具藝術價值的文學作品、藝術品等。

自由主義者認為若是如此，則「查禁色情刊物」策略顯然產生了「滑坡效應」(slippery slope effect) 及「寒蟬效應」(chilling effect)。「滑坡效應」是指如果我們以 A 為理由而禁止某言論，則會導致下列後果：若理由 A 成立，則我們自得連帶禁止其他直覺上認為不應遭到禁止的言論，而這無異是為獨裁政權箝制言論自由鋪路（產生「寒蟬效應」）。

換言之，理由 A 就像是滑坡上的第一步，如果不幸滑下，將導致一系列後果，最後則使我們喪失了言論自由。在此情況下，最好的作法就是不要採取第一步（即理由 A），以免喪失言論自由。

自由主義者因此認為：除非主張「查禁色情刊物」策略的一方，能明確定義「色情刊物」及「傷害原則」中的「傷害」等字詞，並證明該定義能夠避免「滑坡效應」及「寒蟬效應」，否則我們就應該捍衛社會成員觀賞色情刊物的「色情權利」。

讓我們舉自由主義理論健將德渥肯的主張，及反對色情刊物的女性主義者的主張為例，以便說明「滑坡效應」及「寒蟬效應」，在考量言論自由或「查禁色情刊物」策略時的重要性。

有些女性主義者認為色情刊物的內容將女性物化為男性性慾的對象，並侵犯了婦女的平等權，因此我們當然有充分理由查禁色情刊物。現在我們要問：上述主張是否足以支持

「查禁色情刊物」策略呢？

對此，德渥肯認為答案是否定的，因為上述主張背後假設了下列原則：出於平等性的考慮，一些人必須在某些方面喪失發表自己的喜好、信念或偏愛的自由。德渥肯認為上述原則非常嚇人，因為它會導致不良的後果。然而何以這個原則非常嚇人呢？

對此問題，宅憤青在本章中的回答正是德渥肯的回答。德渥肯的回答如下：如果我們可以「色情刊物的內容物化婦女」為理由來查禁色情刊物，則只要我們針對任何處於不利地位的個人或團體提出批評或抨擊，那麼政府就可以有充分理由限制或查禁我們的言論；其結果便是，政府就可以禁止表演《威尼斯商人》，禁止上映關於職業婦女忽視子女教育的電影，或禁止夜店裡關於同性戀的漫畫、打油詩等等。

除此之外，德渥肯認為大部分的言論皆可以此為理由而遭到禁止──不僅色情刊物應遭到禁止，大部分和色情刊物無關的言論或表達（如把女性定位為性對象的廣告或言情小說等），或是任何「有冒犯少數族群之虞」的言論，也可以相同理由予以禁止。

尤有甚者，則是（例如）達爾文的演化論，竟也必須以相同理由遭到禁止！為何如此？德渥肯指出，在現今社會中，創造論者事實上飽受他人的嘲弄、戲謔；若是如此，則創造論者即大可要求政府禁止出版達爾文的演化論，因為演化論的出版，會使得創造論者的言論無法獲得他人充滿同情的理

解，並使得創造論者受到不公平的差別待遇。

德渥肯認為如此一來，顯然會產生「滑坡效應」以及「寒蟬效應」，因為政府即可以此為藉口，而箝制大多數的言論自由，並使得更多人（包括婦女）的平等權受到侵害，這等於是為獨裁政權提供理論基礎。

由上述討論可見「色情刊物的內容物化婦女」此一理由，已經產生了「滑坡效應」及「寒蟬效應」：「禁止色情刊物」的理由，也應同時適用於「禁止關於同性戀的漫畫或打油詩」——一旦我們禁止色情刊物，則在邏輯上就必得同時禁止關於同性戀的漫畫或打油詩，以符合邏輯一致性的要求。

德渥肯因此結論：如果（例如）張三發表了「婦女應從事較為卑賤的工作」此等言論，而此等言論又恰好為某位認同該言論的男性所接受，並因此達到了張三的目的，我們仍然不能因此限制張三的言論自由；同理，即使女性主義者能夠證明色情刊物在因果關聯上，必須為「只有少數婦女坐高位或同工同酬」此一經濟結構負部分責任，並導致了婦女在社會、經濟上的不平等，而使得婦女受到系統性的差別待遇，我們仍然不能因此禁止色情刊物。

由此可見：反反色情的自由主義者認為「反對查禁色情刊物」，應是討論「色情刊物應否查禁」此一問題時的根本預設；除非主張查禁色情刊物的學者能舉證證明「反對查禁色情刊物」無法成立，否則自由主義者認為我們不應輕易變更此一根本預設。

然而有些主張查禁色情刊物的學者卻不認為「反對查禁色情刊物」是根本預設。他們認為我們可以一方面堅持自由主義的「言論自由」、「平等」等核心價值，另一方面則對「是否查禁色情刊物」此一問題抱持開放態度，甚至還可以依密爾的「傷害原則」而主張查禁色情刊物。

例如戴森豪斯 (D. Dyzenhaus)、伊斯頓 (S. Easton)、藍騰 (Rae Langton)、歐肯 (S. Okin) 及魏斯特 (Caroline West) 即作上述主張。他們認為製造或消費色情刊物事實上會對他人（尤其是婦女）造成巨大的傷害，因此依密爾的「傷害原則」，自由主義者反而應支持「查禁色情刊物」策略才是。

然而在此有一問題待解：「製造或消費色情刊物」和「婦女受到傷害」之間的關聯究竟為何？對此問題，我們可以有下列兩個選項：

一、它們之間存在著經驗上的偶然關聯；

二、它們之間存在著概念上的必然關聯。

如此一來，我們就可以把主張查禁色情刊物的學者分為兩派了。在此，主張查禁色情刊物的女性主義者值得我們特別注意。以往反對色情刊物的女性主義者的立論基礎，並不是主張「色情刊物是淫穢、不堪入目的出版品」，而是主張「色情」和「性犯罪」之間具有緊密的因果關聯。讓我們稱此為「因果說」。乍看之下，「因果說」似乎非常具有說服力：如同廠商深信商品廣告會刺激消費者購買商品，因此願意大手筆製作廣告；同理，色情刊物似乎也會刺激人們的性慾，

並導致性犯罪。

　　然而，（誠如宅憤青在本章中所指出）「因果說」除了難以為科學證據所證實之外，它還面臨了下列難題：我們可以一方面讚賞商品廣告的幽默，可是卻不會外出購買該產品；我們可以一方面在家裡觀賞殺人電影，可是卻不會外出殺人；同理，我們可以一方面在家裡觀賞婦女遭受強暴的 A 片，可是卻不會外出強暴婦女。

　　由此可見：如果「製造或消費色情刊物」和「婦女受到傷害」之間只是存在著經驗上的偶然關聯，則反反色情的自由主義者勢必會對該經驗上的偶然關聯提出強烈質疑，並藉以反對「查禁色情刊物」策略。若是如此，則主張查禁色情刊物的女性主義者，究竟能否成功擺脫「因果說」的上述難題呢？這是反色情的女性主義者所面臨的難題。

＊第五章＊
亞里斯多德的謬誤
與哥白尼的真理

主題：言論自由與色情刊物問題

故事主角：宅憤青、老蘇（宅憤青的學長）、卡洛琳、阿曼達（卡洛琳的姊妹淘）

故事：在這一章中，宅憤青及老蘇將向卡洛琳及阿曼達娓娓道來自由主義者反對查禁色情刊物的根本理由——即為了捍衛言論自由。為此，宅憤青及老蘇將提出捍衛言論自由的七個論證。

「真是太囂張了！看 A 片還可以那麼高調嗎？」卡洛琳仍然忘不了宅憤青昨天最後比出的勝利手勢。她決定向姊妹淘阿曼達討救兵。

「讓我看看阿曼達怎麼收拾你，哈哈！阿曼達可是個不折不扣的女性主義者啊！」卡洛琳咬牙切齒的說道。

於是吃過早餐後，卡洛琳及阿曼達決定一大早透過臉書向宅憤青又下了一次戰帖。

「我承認昨天的確辯不過你，你妖言惑眾的能力太強了，不過這並不表示你說的就是真理，不是嗎？難道我們就沒有理由限制一下某些言論嗎？例如色情刊物就是一種我覺得需要限制的言論。」卡洛琳忿忿不平的說道。

「喔！看來妳還不是真的完全明白問題的重點所在。」宅憤青說道：「重點不是『色情刊物應不應該被限制』，而是『我們能不能一方面提出充分理由來限制色情刊物，另一方面又能不限制其他直覺上覺得不應該受到限制的言論』。」

這時只見卡洛琳不發一語。「So what?」約莫過了五秒鐘，卡洛琳終於追問道。

「我們昨天不是說了嗎？」宅憤青說道：「如果提不出充分理由來限制色情刊物，結果是莎士比亞的喜劇作品《威尼斯商人》、嘲諷同性戀的漫畫或打油詩，以及達爾文的演化論就也都得查禁了！」

「好吧！我終於懂了。」此時阿曼達打破沉默，並說道：「所以原來問題的重點在於言論自由啊！因為言論自由是王

牌，所以色情刊物就連帶也受到言論自由保護，是不是這樣啊?」

「正是如此。」宅憤青回應道:「原來救兵來了。嗨! 阿曼達，好久不見了! 注意了，我這裡可是也有救兵呢! 老蘇，和她們打個招呼吧!」

「大家好啊!」老蘇此時氣派的登場了，並說道:「我今天可是要來為妳們上一堂關於言論自由的哲學課喔! Don't worry, it's free!」

「哼! 好啊，那請你告訴我為什麼言論自由這麼重要? 我洗耳恭聽。」阿曼達不服氣的說道。

「注意聽了!」老蘇說:「為什麼要主張言論自由? 我這裡有七個理由。我稱第一個理由為『每個人都應該是自己的主人』。請問一下: 如果我的行為並不會傷害他人，他人是否有權利干涉我的行為呢?」

「喔! 如果你的行為並不會傷害到他人，那麼別人應該沒有理由干涉吧!」卡洛琳回答道。

「所以對於這種不會傷害他人的行為，我們是不是可以自己決定要不要去做、他人完全沒有置喙餘地呢——我的意思是: 要不要去做這種行為，一切完全憑我高興而決定?」老蘇問道。

「是呀! 只要你喜歡，有什麼不可以?」阿曼達說道:「可是天底下真的有這種行為嗎?」

「當然有啊!」老蘇眉飛色舞的說道:「例如: 假如我今

天決定要當一個全臺灣最出色的律師，請問這會不會傷害任何人呢？」

「這很好啊！」卡洛琳說道：「不過，如果有人抗議說這樣一來，他就會因為沒有辦法當一個全臺灣最出色的律師而覺得受到傷害，那麼你的決定豈不會因此而傷害到別人了呢？」

「妳說的情況其實是屬於『我的行為影響了他人』，而不是『我的行為傷害了他人』；而『影響他人』並不能等同於『傷害他人』。」宅憤青在一旁幫腔。

「為什麼『影響他人』不能等同於『傷害他人』？」卡洛琳不服氣的問道。

「好吧！我問妳，」宅憤青迫問道：「嚴格說來，幾乎所有的行為都會影響到別人，是不是？」

「是啊！」卡洛琳說道。

「如果我們把『影響他人』等同於『傷害他人』，那麼大部分行為就都會傷害他人了；其結果，則是我們擁有自由去做的行為就會少之又少。這難道是妳樂見的結果嗎？」宅憤青說。

「臺灣人就是太自由了，所以少一點自由又有什麼不好？」此時阿曼達反脣相譏的說道。

「學姊，妳是政大畢業的，不是嗎？」此時老蘇突然熱情的稱卡洛琳為學姊，並迫問道。

「是的，學弟，而且我還是第一名畢業呢！」卡洛琳得意

的說道。

「請問妳考上政大的時候有沒有影響到別人呢?」老蘇問道:「我的意思是:當妳考上政大時,是不是至少有一個人就無法如願考上政大,所以這個人其實已經被妳考上政大所影響了?」

「喔!那是他不用功,這難道還能怪我嗎?」卡洛琳抗議道。她還沒有意識到自己正一步一步掉入老蘇所設下的邏輯陷阱中。

「問題還沒結束呢!如果我們把『影響他人』等同於『傷害他人』,那麼妳考上政大的這個行為就算是傷害他人了!」老蘇說:「如果凡是會傷害他人的行為,我們都沒有去做的自由,那麼我們就會被迫結論道:妳沒有考上政大的自由!這是多麼荒謬的結論啊!」

「啊!怎麼會這樣?」這時卡洛琳才猶如大夢初醒,並尖叫了一聲。

「所以我們顯然不應該把『影響他人』等同於『傷害他人』,以免得出剛才這種荒謬的結論。」此時宅憤青突然跳出來回應,並斬釘截鐵的結論道。

「現在我再問妳:假如有一個成年女子,決定要當一個全臺灣最出色的 AV 女優,請問這會不會傷害任何人呢?」不等卡洛琳回神,老蘇又乘勝追擊的追問道。

「喔!這鐵定會影響他人,不過應該不至於到『傷害他人』的地步吧?」卡洛琳小心翼翼的說道。

「那請問：假如有一個成年人決定購買色情刊物回家觀賞，這會不會傷害任何人呢?」老蘇追問道。

「喔……按照同樣的邏輯，應該也不至於會傷害他人吧!」此時阿曼達突然跳出來回應，並心不甘情不願的說道。身為一位女性主義者，阿曼達對於色情刊物非常反感。

「如果『決定要當一個全臺灣最出色的 AV 女優』，及『決定購買色情刊物回家觀賞』這兩種行為都不會傷害他人，那麼『把 AV 女優當作主角，並製作、販賣色情刊物』這個行為應該也不會傷害他人吧?」老蘇追問道。

「……」卡洛琳及阿曼達此時陷入沉思，沉默不語。

****

「太好了!」不等卡洛琳及阿曼達回應，老蘇接著說道：「現在讓我們來看看『決定要當一個全臺灣最出色的 AV 女優』、『決定購買色情刊物回家觀賞』以及『製作、販賣色情刊物』，這三種行為是不是有相同的特性。它們都只會影響他人，可是卻都不會傷害他人；而且從世俗道德的眼光看來，它們也都會受一般人的道德譴責，是不是?」

「你說的好像沒錯吧!」阿曼達終於打破沉默，並回應道。

「現在讓我們再看看『決定要當一個全臺灣最出色的律師』，以及『考上政大』這兩種行為。它們也都只會影響他

人，而不傷害他人；此外，它們都會受一般人的鼓勵、讚揚，是不是？」老蘇追問道。

「是的。」雖然不知道老蘇葫蘆裡賣什麼藥，阿曼達還是勉強應和道。

「現在重點來了！」老蘇說：「我們剛才說：凡是不會傷害他人的行為，我們都有自由去做。所以我們有去做『當一個全臺灣最出色的 AV 女優』、『購買色情刊物回家觀賞』、『製作、販賣色情刊物』、『決定要當一個全臺灣最出色的律師』及『考上政大』這五種行為的自由，是不是？」

「應該是吧！」阿曼達回應道。

「可是我們剛才又說：『當一個全臺灣最出色的 AV 女優』、『購買色情刊物回家觀賞』及『製作、販賣色情刊物』，這三種行為會受一般人的道德譴責，」老蘇說：「如果是這樣的話，那麼這就表示：有些行為雖然會受一般人的道德譴責，可是我們卻有去做它們的自由，是不是？」

「喔⋯⋯應該沒錯吧！」阿曼達猶豫了一下，然後回應道。

「如果是這樣的話，」老蘇說：「那麼這就表示：自由是一回事，道德是另一回事；而且『擁有自由去做的行為』的範圍，遠比『合乎道德的行為』的範圍還要更寬廣。」

「⋯⋯」阿曼達此時又沉默不語了。至於卡洛琳則只能在一旁乾瞪眼，完全幫不上忙。

「如果把自由和道德混為一談，甚至認為道德才重要，

自由最多只是其次，那就是泛道德主義了！泛道德主義的英文是 moralism。」老蘇慷慨激昂的說道：「難怪自由主義大師密爾會說：在一個自由社會中，只要是心智健全的成年人，都有自由訂定自己的生活計畫，依自己所喜歡而去做事情的自由。只要行為不會傷害他人，一個人的自由就不應遭到妨礙──即使別人認為這種行為是愚蠢、背謬或錯誤的，也是如此。」

「喔！原來這一切並不是你硬掰，而是偉大的哲學家的主張啊！」卡洛琳此時打破沉默，並冷冷的問道：「密爾是誰啊？」

「密爾的原名是 John Stuart Mill，他可是 19 世紀英國著名的哲學家呢！」宅憤青此時在一旁驕傲的回答道。他實在太崇拜學長老蘇了！

「問題還沒結束呢！」老蘇接著問道：「我們剛才說：對於不會傷害他人的行為，我們完全可以自己決定要不要去做、他人完全沒有置喙餘地。如果是這樣的話，那麼對於不會傷害他人的言論，他人是不是有權利可以干涉呢？」

「他人當然也沒有權利干涉吧！」阿曼達回應道。

「所以對於這種不會傷害他人的言論，一切完全憑我高興而決定要不要說出來，是不是？」老蘇問道。

「嗯……」阿曼達說道。

「現在仔細看好了！」不等阿曼達回過神來，老蘇又急忙補充道：「所以這表示：如果我們把上面所說的『行為』一律

置換為『言論』，當然也同樣可以成立啊！這也表示：只要言論不傷害他人，我們當然就有暢所欲言的言論自由了——即使這種言論在他人看來多麼不合乎道德，也是如此，例如色情刊物就是一個最好的例子。」

「喔！我現在終於搞清楚你的葫蘆裡賣什麼藥了！」阿曼達恍然大悟的說道。

****

「好了，我現在要提出主張言論自由的第二個理由了。這個理由是『凡人皆會犯錯』。」老蘇說。

「這是什麼意思？」卡洛琳問道。

「這樣好了，讓我來考考妳的天文學知識，」宅憤青問道：「請問是地球繞著太陽轉，還是太陽繞著地球轉呢？」

「你太瞧不起人了吧！」阿曼達抗議道：「連小學生都知道，當然是地球繞著太陽轉啊！」

「不過以前的人可不這樣認為喔！」老蘇說：「妳可知道古希臘大哲學家亞里斯多德？」

「怎麼了？啊！亞里斯多德難道認為太陽繞著地球轉？」卡洛琳尖叫道。

「Bingo！」老蘇喜孜孜的說：「二千多年前，正當科學萌芽之際，許多哲學家對宇宙、星象的觀察，作出各種不同的說明和解釋，這些學說大都採用『地心說』，認為地球位於宇

宙中心靜止不動。希臘哲學家亞里斯多德更進一步用『地心說』來解釋天文現象。」

「啊！怎麼會這樣？我可是亞里斯多德的大粉絲呢！」卡洛琳不敢置信的說道。

「偶像的形象在心中幻滅的感覺想必很不好受吧？」宅憤青略帶揶揄口氣說道。

「故事還沒結束呢！」老蘇繼續補充道：「西元 2 世紀時，托勒密 (Claudius Ptolemy) 更將『地心說』彙整成一本《天文學》，並為教會所採用，而成為基督教不可撼動的宇宙觀。自此之後，托勒密的『地心說』可是支配整個天文學界長達千年之久呢！」

「然後呢？」阿曼達問道。

「隨著觀測技術的日益進步，許多學者發現托勒密的『地心說』根本無法解釋許多天文現象。然而由於害怕觸犯基督教不可撼動的宇宙觀而被迫害，因此錯誤的天文學理論一直被當作金科玉律遵守。」老蘇回答道。

「這可真糟糕啊！」卡洛琳憂心忡忡的說。

「直到 1543 年，波蘭天文學家哥白尼 (Nicolaus Copernicus) 出版了其不朽名著《天體運行論》，終於才把天文學的研究主軸從『地心說』轉移到『日心說』。『日心說』主張地球不是宇宙的中心，太陽才是宇宙的中心。這就是現在每個小學生都耳熟能詳的版本。」老蘇回答道。

「啊！哥白尼萬歲！我終於找到新的偶像了！」卡洛琳破

涕為笑，並大叫道。

「不過問題還在後頭呢！」此時老蘇突然嚴肅的說道：「哥白尼的日心學說非但沒有獲得教會的認同，反而還引起極大的騷動。幾乎所有人都反對哥白尼的『日心說』，並把它視為異端邪說。」

「啊！所以哥白尼後來怎麼了……他為真理而犧牲了嗎？」卡洛琳關心的追問道。她可不希望自己的新偶像竟然是個悲劇人物啊！

「哥白尼倒沒有為真理犧牲，」老蘇回答道：「為日心學說犧牲生命的其實是布魯諾 (Giordano Bruno)。由於布魯諾強烈認同哥白尼的日心學說，並不遺餘力的大力宣傳，哥白尼的學說才漸漸傳遍了整個歐洲。」

「喔！布魯諾真是位大英雄！」宅憤青此時代替卡洛琳及阿曼達問道：「然後呢？」

「然而布魯諾的思想並不見容於教會，在西元 1600 年，布魯諾被控嚴重罪行，並被處以火刑，結束其慷慨激昂的一生。」老蘇說：「為了抵制布魯諾的思想，哥白尼的日心學說連帶遭受波及；羅馬天主教會更在西元 1619 年決定將《天體運行論》列為禁書，不准宣傳哥白尼的學說。」

此時老蘇、宅憤青、卡洛琳、阿曼達四人陷入了沉默之中。

「唉！怎麼會有這種事呢？我真慶幸自己是生在 21 世紀的臺灣呀！」聽完了這個故事，阿曼達一副不可置信的模樣，

最後才勉強擠出話來回應。

「妳確定真的該慶幸自己活在 21 世紀嗎？」老蘇追問道：「我的意思是：有沒有可能現在我們深信不疑的真理，在一百年後的人類看來，反而是異端邪說？或者反過來說：有沒有可能現在我們相信是異端邪說的主張，在一百年後的人類看來，反而才是真理？」

「啊！那怎麼辦呢？」卡洛琳問道。

「所以最好的辦法就是主張言論自由，」老蘇說：「如此一來，即使是我們現在每個人都認為是異端邪說的主張，也有表達出來的機會；萬一事後證明這些我們認為是異端邪說的主張，竟然就是真理，由於它們早就有表達出來的機會，所以我們其實也不會失去獲得這些真理的機會，是不是？」

「相反的，如果沒有言論自由，那麼這些被我們誤認為異端邪說的主張，就不會有表達出來的機會，結果是我們就失去了獲得真理的機會了。」宅憤青補充道。

「喔！我懂了，所以主張言論自由的根本理由之一，其實就是為了確保我們有獲得真理的機會！」卡洛琳說道。

「Bingo!」宅憤青回答道。

「那請你告訴我：為什麼獲得真理這麼重要？被異端邪說蒙蔽的人生又有什麼不好？」阿曼達此時不服氣的追問道。

「喔！這個問題的確很難回答。」宅憤青此時搶下發語權，並胸有成竹的回答道：「讓我們從兩個方面來試著回答這個問題好了。首先，美國著名哲學史家威爾杜蘭 (Will

Durant) 曾說：真理不會讓人富有，可是會讓人自由。」

「所以你的意思是：被異端邪說蒙蔽的人，其實並不自由；相反的，獲得真理的人才是自由的人。是不是?」阿曼達問道。

「可以這樣說吧！如果一個人不在乎自己是否自由，他也就不會在乎什麼才是真理了。」宅憤青回答道：「其次，我們還可以下列方式來試著回答妳的問題：知道自己還沒有獲得真理的人可能很不快樂，而被異端邪說蒙蔽的人則常常活得很快樂。例如蘇格拉底知道他自己其實什麼都不知道，所以常常很不快樂；而一隻豬並不知道自己其實什麼都不知道，反而活得很快樂。」

「咦！你說的好像很有道理呢!」卡洛琳說道。

「如果是這樣的話，那麼請問；究竟是做一個不快樂的蘇格拉底好呢，還是做一隻快樂的豬好呢?」宅憤青問道。

「這個問題的答案應該見仁見智吧!」阿曼達說道：「有人想當不快樂的蘇格拉底，而有人則想做一隻快樂的豬。我看不出做一隻快樂的豬有什麼不好。」

「密爾的回答如下：寧願做一個不快樂的蘇格拉底，也不願做一隻快樂的豬。」老蘇此時代替宅憤青回答道：「所以如果一個人寧願做一隻快樂的豬，那麼這個人似乎也不會在乎真理和言論自由了。對於這樣的人，我們也只能聳聳肩，無話可說了，因為討論至此，已是 the end of the discussion 了!」

****

「好吧！你目前只有提到主張言論自由的兩個理由而已。請問另外五個理由是什麼呢？」阿曼達問道。

「我記得妳們今天是不是十點有課？時間有限，所以我就說得快一點。」老蘇說：「支持言論自由的第三個理由是『避免教條』。」

「解釋一下吧！」卡洛琳熱切的問道。

「密爾曾說：凡獨特的主張都常常遭受較多的挑戰，抱持這種主張的人也常常必須在反對者面前為這種主張辯護。」老蘇說：「密爾還說：無論我們深信一個主張如何正確，如果這個主張不時常遭受充分、無所畏懼的討論，那麼久而久之，它就會被當作死的教條而不是活的真理。」

「我最討厭教條了！真理萬歲！」卡洛琳說道。

「如何避免教條呢？密爾認為其中一種方式就是讓我們的信念廣受挑戰，因為我們的信念可能只是偏見而已。一旦我們的主張在廣受挑戰之後竟還能存活下來，那麼我們就較有充分理由相信它應該是真理，而非偏見了！」宅憤青補充說道：「這樣看來，言論自由正可以使得我們的信念經常遭受挑戰，並確保我們的信念不會是偏見，而是真理。」

「這個理由容易理解。支持言論自由的第四個理由是什麼呢？」阿曼達問道。

「第四個理由是『為反對的意見提供平臺』。」老蘇說：「請問：如果反對我們的信念的意見並沒有機會表達出來，那麼我們深信為真理的信念還有接受挑戰的可能嗎？」

「喔！我懂了！」卡洛琳說道：「所以我們要提供這些反對的意見一個發表的平臺，這樣才能讓我們的信念成為活的真理，而不是死的教條。」

「對極了！」宅憤青補充道：「所以我們當然要主張言論自由，如此一來，所有意見才能都擁有發表的平臺。」

「那第五個支持言論自由的理由是什麼呢？」阿曼達問道。

「我稱第五個理由為『錯誤的主張也可能包含部分真理』。」老蘇說：「所以，如果我們壓制錯誤的主張，我們就等於失去了獲得部分真理的機會了。這表示：即使在我們看來是多麼錯誤的主張，我們還是要讓它們有表達出來的機會。所以我們要主張言論自由。」

「嗯，很有道理！」卡洛琳回應道。

「支持言論自由的第六個理由是『勸服優先』。」不等阿曼達詢問，老蘇接著說：「對於那些我們認為是錯誤的言論，甚至是那些我們認為非常邪惡的言論，假設我們可以有兩個選擇，而且這兩個選擇都一樣有效：一個選擇是壓制這些言論，不讓它們有機會表達出來（我稱這個策略為『強制』）；另一個選擇則是讓它們表達出來，不過我們要用自以為正確的言論來和它們對抗（我稱這個策略為『勸服』）。現在請問：

對於這些我們認為是錯誤、邪惡的言論，我們該採取那一種策略呢?」

「喔! 這其中必有陷阱，是不是?」阿曼達小心翼翼的說道:「請問你說的邪惡言論是不是包括色情刊物在內呀?」

「是的。」老蘇回應道。

「OK! 我承認對於色情刊物這種邪惡的言論，我實在很想壓制它們，不讓它們有機會表達出來，」阿曼達心不甘情不願的說道:「可是照你剛才所說的『凡人皆會犯錯』、『為反對的意見提供平臺』及『錯誤的主張也可能包含部分真理』等理由，我想應該選擇『勸服』策略吧!」

「Bingo again!」宅憤青回答道。

「等一下，我有問題!」卡洛琳此時突然抗議道:「所以你的意思是: 即使連色情刊物這種邪惡的言論，其中竟然也或多或少都包含有部分真理，所以我們才有必要讓它有表達的機會，是不是?」

「嗯! 妳可以這麼說……」這下子換成宅憤青小心翼翼的回答道。

「這太可笑了吧!」阿曼達自覺終於逮到機會了，並抗議道:「你是認真的嗎?」

「我想妳搞錯問題的關鍵了!」此時只見老蘇不疾不徐的補充道:「請注意: 我們剛才已經假定『強制』策略及『勸服』策略，都可以有效對抗色情刊物這種邪惡的言論; 可是兩者不同的地方，在於『強制』策略會壓制言論而侵害言論

自由，而『勸服』策略則不會侵害言論自由。所以問題和『色情刊物究竟是否包含有部分真理』一點關係也沒有。」

「喔……」阿曼達詞窮了。

「如果是這樣的話，妳還會選擇『強制』策略嗎?」老蘇說:「因此，對於邪惡的言論，我們還是應採取『勸服』策略。最後讓我提出支持言論自由的第七個理由。我稱它為『觀念的自由市場』。」

「哦? 這是什麼?」卡洛琳問道。

「請問: 我們要如何在眾多意見中挑出真理呢?」老蘇問道。

「這可是大哉問呢! 老實說我不知道!」阿曼達問道:「你可有錦囊妙計?」

「我也沒比妳高明多少。」老蘇說道:「不過，如果有人說: 對於真理的最佳檢驗方式，就是把它放在市場上與其他觀念競爭，最終勝出者即是真理。請問妳同不同意這種主張呢?」

「好像沒有其他更好的辦法了吧?」卡洛琳回應道。

「如果是這樣的話，」老蘇問道:「那麼請問妳同不同意，言論自由正是使得『觀念的自由市場』的競爭成為可能的必要條件?」

「應該是吧!」卡洛琳回應道。

「所以我們應贊成言論自由，是不是?」宅憤青此時高興的結論道。

　　「好吧！很高興上了言論自由的一課！」此時阿曼達及卡洛琳看了一下手錶，突然大叫一聲說：「哇！要上課了，我們得先走了，下次再聊吧！」

進階閱讀

　　如前所述，對於色情刊物，自由主義者多以言論自由問題視之，並認為政府當局並沒有合理理由，禁止或限制色情刊物的出版、散播或消費行為。

　　然而何以言論自由如此重要？在本章中，老蘇及宅憤青對阿曼達及卡洛琳發表了一篇長篇大論，而「為何要捍衛言論自由」正是這篇長篇大論的主題。

　　事實上，法國思想家伏爾泰 (Voltaire) 的下列名言，實一語道破言論自由的真諦：「我雖然不贊同你說的話，然而我卻誓死捍衛你說這句話的權利。(I despise what you say, but will defend to the death your right to say it.)」

　　英國小說家歐威爾 (George Orwell) 也曾言：「自由的意義，就在於我們有權利告訴別人他們不想聽的話。(If liberty means anything at all it means the right to tell people what they do not want to hear.)」

　　由伏爾泰及歐威爾的上述主張，我們可把言論自由整理如下：言論自由既包括「捍衛他人說出『你想聽的話』的自由」，也包括「捍衛他人說出『你不想聽的話』的自由」；因

此，即使你不贊同、甚至痛恨別人所說的話，你仍要誓死捍衛他人說話的權利。

對此，美國憲法第一修正案 (the First Amendment to the U.S. Constitution) 實體現了言論自由的涵意。該修正案內容如下：

> 國會不准制定有關下列事項的法律：確立一種宗教或禁止信仰自由、限制言論自由或出版自由、限制人民和平集會以及向政府請願的權利。

然而我們為何要捍衛言論自由呢？對此，當代自由主義理論健將德渥肯 (Ronald Dworkin) 曾回答如下：

1.如果法律、政策並不是藉由民主程序而制定，則法律、政策就不合法。

2.如果政府不允許人民對法律、政策自由表達意見，則法律、政策就不是藉由民主程序而制定。

因此，如果政府不允許人民對法律、政策自由表達意見，則法律、政策就不合法。(Dworkin, 2006)

依德渥肯之見，「人民可對法律、政策自由表達意見」（即人民擁有言論自由），是「法律、政策取得合法性」的必要條件。他因此認為言論自由是合法政府的先決條件。

換言之，依德渥肯之見，言論自由實為民主的核心；如果一個政府並不允許人民擁有言論自由，則該政府就不具有合法性，因此也不配被稱為民主政府。

接下來我們要追問：為什麼要主張言論自由？言論自由

為何應受保護？在本章中，老蘇所提出的支持言論自由的理由，其實正是自由主義大師密爾 (John Stuart Mill) 於其名著《論自由》(*On Liberty*) 中之相關主張。

密爾曾指出：在自由社會中，每個心智健全的成人都有權利「自由訂定自己的生活計畫以順應自己的性格；要求有照自己所喜歡的去做的自由，當然也不規避會隨之而來的後果。只要我們的所作所為並無害於我們的同胞，這種自由就不應遭到他們的妨礙，即使他們認為我們的行為是愚蠢、背謬、或錯誤的，也是如此。」

換言之，依密爾等自由主義者之見，自由社會的每個心智健全的成年成員都具有自主性 (individual autonomy)，亦即：只要成員並未對他人造成傷害，每個心智健全的成人都有權利依自己的主張，自由選擇生活方式以及人生目標，他人無權對之施以干涉或強制。我們稱此原則為「自主原則」(the principle of autonomy)。

自由主義對於個人自主的主張，顯然和大家長主義 (paternalism) 背道而馳。大家長主義認為，我們可以因為認為他人的行為「愚蠢、背謬、或錯誤」，而干涉他人的人生計畫或行為。對於自由主義者而言，這顯然違反了「自主原則」，因此是不能接受的。

密爾因此似乎極力為「絕對、毫無限制的」(absolute and unqualified) 言論自由辯護，並主張：即使我們以為他人的言論內容錯誤或不道德，甚至以為他人把言論表達出來會帶來

「毀滅性的後果」(pernicious consequences)，我們都還是應該允許他人把言論表達出來。

密爾因此堅持在思想自由和言論自由的領域中，我們應完全排除「強制」(coercion) 的作法，而以「勸服」(persuasion) 為手段。

此外，在《論自由》之第二章中，密爾還極力為言論或表達自由之必要性進行辯護。密爾指出：

一、限制言論自由並無合理理由支持，因受壓制之意見可能為真，或至少含有部分真理，故限制言論自由可能使世界喪失真理。

二、無論意見 A 如何正確，如果意見 A 不時常被充分、無所畏懼的討論，那麼它就會被當作死的教條而不是活的真理。

三、凡獨特的主張都常常遭受較多的詰難，也都必須常常在反駁者面前公開為自己辯護。

四、如果戰場上竟已無敵人，則教者也好，學者也好，就都會在其崗位上睡著了。

換言之，密爾認為我們的信念必須廣受挑戰，否則此等信念可能僅為偏見。而缺乏批判思考之結果，則使我們難以擁有美善之人生。

我們把密爾上述四點主張整理成下列四個論證：

㈠絕不犯錯論證 (the infallibility argument)：

　1.凡人皆會犯錯 (no one is infallible)，沒有人能確定自己

相信的一定是真理。

2.追求真理有助於增進社會全體成員的幸福。

3.言論自由有助於追求真理。

因此，我們應主張言論自由。

㈡教條論證 (the dead dogma argument)：

1.如果意見 A 不時常遭受充分、無所畏懼的討論，那麼它就會被當作死的教條而不是活的真理。

2.言論自由是使得「意見 A 時常遭受充分、無所畏懼的討論」成為可能的必要條件。

3.凡任何能使得意見 A 成為「活的真理」的主張，我們都應贊成。

因此，我們應贊成言論自由。

㈢平臺論證 (no platform argument)：

1.當我們主張言論自由時，我們等於主張要為那些我們強烈反對的意見主動提供發表的平臺。

2.只有當那些我們強烈反對的意見有發表的平臺，我們相信為真的意見才能不被當作死的教條，而是活的真理。

3.凡任何能使得我們相信的意見成為「活的真理」的主張，我們都應贊成。

因此，我們應贊成言論自由。

㈣部分真理論證 (the partly true argument)：

1.錯誤的主張也可能包含部分真理。

2.壓制錯誤的主張就是限制言論自由。

因此，如果我們限制言論自由，我們就可能會失去獲得真理的機會。

除此之外，自由主義者通常也會以下列論證來支持言論自由：

1.對於邪惡的言論，我們有「強制」(coercion) 及「勸服」(persuasion) 兩種手段可供選擇。

2.「強制」及「勸服」都可以有效對治邪惡的言論。

3.「強制」會壓制言論而侵害言論自由，而「勸服」則不會侵害言論自由。

因此，對於邪惡的言論，我們應採取「勸服」(the persuasion principle)（或「以更多言論與之對抗」(fight speech with more speech) 策略）。

美國大法官賀姆斯 (Oliver Wendell Holmes) 曾指出：對於真理的最佳檢驗方式，就是把它放在市場上與其他觀念競爭，最終勝出者即是真理。此主張為「觀念的自由市場」論證 (the marketplace of ideas argument)：

1.在「觀念的自由市場」的競爭中，最終勝出者即是真理。

2.言論自由是使得「觀念的自由市場」的競爭成為可能的必要條件。

3.凡任何使得「獲得真理」成為可能的主張，我們都應贊成。

因此，我們應贊成言論自由。

＊ 第六章 ＊
新納粹黨冒犯了誰？

主題： 冒犯與色情刊物問題

故事主角： 老蘇、阿曼達、卡洛琳

故事： 在前三章中，老蘇、宅憤青、卡洛琳、阿曼達四人，對於「觀
賞 A 片是否不應該」此一問題已分別展開了三場激辯，結果
是卡洛琳及阿曼達暫居下風。然而卡洛琳及阿曼達，還是非常
受不了宅憤青這些男同學觀賞 A 片的行為——她們認為宅憤
青等人的娛樂冒犯了他人，所以當然應該限制。於是老蘇又繼
續和阿曼達及卡洛琳展開第四次激辯……

「OK!OK! 剛才上課時，我一直在思考你和老蘇所說的支持言論自由的七個理由。我覺得你們實在太會顛倒是非了，我辯不過你們！」下課後，卡洛琳又見到了宅憤青，於是衝上前去，並忿忿不平的說道：「不過我發現你們的說法有一個大漏洞──請問：為什麼和其他重要的價值相比，言論自由總是應該佔上風、應該勝出呢？」

「好啊！只要妳可以提出限制言論自由的充分理由，我就會舉白旗投降！」宅憤青用充滿挑釁的口氣說道：「不過我下午和老師約好要討論問題，現在恐怕沒時間和妳抬槓啊！」

「那麼晚上我們在臉書上再戰一場如何？」卡洛琳說：「你可要再把老搭檔老蘇找來，我也會把阿曼達找來。」

「恐怕也不行啊！」宅憤青說：「我今晚交響樂團要練習，總之今天沒時間和妳們抬槓了！」說著便急著上政大後山了。

「哼！該不會是臨陣脫逃吧?」卡洛琳看著宅憤青遠去的背影，並心裡嘀咕道：「總之，今天晚上至少一定要把老蘇找出來，並把言論自由的問題講清楚才行！」

夜晚終於來臨了。卡洛琳吃完晚飯後，就一直摩拳擦掌，並和阿曼達一起在臉書上待命著。她們兩人今晚準備對老蘇來一場驚天動地的 ambush！

「哈！終於等到你了，老蘇！」卡洛琳發現老蘇上線後，不由得驚喜若狂了起來，並說道：「注意了，今晚你的老搭檔宅憤青臨陣脫逃了。今晚可是二比一呢，哈哈！」

「好啊，要辯論什麼呢？儘管放馬過來吧！」老蘇仍一臉

鎮定的回應道。

「我記得宅憤青曾經說過『A片』和『性犯罪』之間並不具有緊密的因果關聯，這點我無話可說，」卡洛琳說道：「可是A片的確會讓人渾身不舒服，這你總無法否認吧？如果是這樣，我們為什麼不能把『讓人渾身不舒服』也歸類為一種傷害呢？」

「喔！言語不會傷人，唯有石頭會傷人。妳難道沒聽過這句西方諺語嗎？」老蘇說。

「喔！雖然言語不會造成像石頭所造成的傷害，可是它的確會造成其他傷害，這你總不能否認吧？」阿曼達問道。

「我想妳要說的是：言語雖然不會造成肉體傷害，可是它的確會造成精神傷害。我猜得沒錯吧？」老蘇說道。

「對極了！『讓人渾身不舒服』正是一種言語所造成的精神傷害，而且這也正是色情刊物所造成的傷害！」卡洛琳得意的說道。

「好吧！我承認如果我們把『讓人渾身不舒服』也歸類為一種傷害，那麼A片這種言論的確會造成傷害。」老蘇說道：「不過這樣一來，很多言論都要加以限制了，我想這可不是妳希望得到的結果吧？」

「啊！為什麼？」卡洛琳驚慌的追問道。

「請問『今天天氣很好』這句話是否需要限制呢？」老蘇問道。

「當然不能限制呀！」阿曼達抗議道：「因為這句話並不

會讓人渾身不舒服啊！」

「等等，妳確定嗎？」老蘇追問道：「假設有一個人今天心情非常不好，或一個人過度敏感，以至於連『今天天氣很好』，這句再稀鬆平常不過的話都會讓他渾身不舒服。請問在此情況下，我們真的沒有充分理由限制『今天天氣很好』這句話嗎？」

「當然不行呀！」阿曼達大叫道：「這種人算是特例，所以他們的感受當然不能當作標準！我們需要的標準是『一般正常人是否會覺得渾身不舒服』。」

「那請問什麼才算是『一般正常人』呢？」老蘇追問道。

此時空氣突然凝結了，老蘇、阿曼達、卡洛琳三人頓時陷入一陣沉默之中。

****

「好吧！我承認『讓人渾身不舒服』的確不能拿來作為限制言論的充分理由，因為它的意義太模糊了，而且我也的確無法清楚指出什麼才是『一般正常人』。」約莫過了兩分鐘，阿曼達終於開口說道：「可是我們可以把它們定義清楚，以便解決意義太模糊這個問題呀！」

「對極了！」卡洛琳趕緊應和道。

「願聞其詳。」老蘇這時講話突然文縐縐起來了。

「好的，我的想法是這樣的：有些言論會讓人渾身不舒

服；而在這些會讓人渾身不舒服的言論中，有些言論會讓人相當憤怒，而有些言論則牽涉到了歧視、人身攻擊問題。這些言論總該可以限制吧？」阿曼達問道。

「能不能舉例說明一下呢？」老蘇問道。

「我最近剛好讀到一本書，描述 1970 年代在美國思果奇(Skokie) 社區所發生的歷史事件。」阿曼達侃侃而談道：「思果奇是個猶太社區，其中有六分之一人口是納粹屠殺猶太人的倖存者。在 1977 年，美國新納粹組織竟宣佈要到思果奇社區遊行。對於思果奇社區的猶太倖存者而言，新納粹組織的遊行口號就是一種令人相當不舒服的言論。在這個例子中，難道我們還要允許新納粹組織有到思果奇社區遊行的言論自由嗎？」

「這個例子真有趣呀！」老蘇說道：「如果妳同意的話，我們不妨把新納粹組織到思果奇社區的遊行口號稱為冒犯言論，不知意下如何？」

「這個名字太貼切了！」卡洛琳此時回應道：「所以我們難道有發表冒犯言論的言論自由嗎？我認為我們應該總有充分理由限制冒犯言論，這下子你應該不會反對了吧？」

「喔！這可不一定呢！」沒想到老蘇竟語出驚人，並繼續說道：「Well, it depends.」

「啊！為什麼？」阿曼達忿忿不平的追問道。

「且聽我娓娓道來吧！」老蘇說道：「由於語言的特性使然，我們大抵上可以把語言區分為言論的『想法或觀念』

（ideas 或 what is said，即言論或表達之內容），及言論的『想法或觀念的表達』（expression of ideas 或 how something is said，即言論的表達行為本身）這兩個層面。這妳們應該不反對吧?」

「好啊！這又有何不可?」阿曼達回應道。

「在這些令人不舒服的冒犯言論中，有些言論是因為言論的『想法或觀念』（即言論的內容）不妥或令人不舒服，而有些則是因為言論的『想法或觀念的表達』不妥，所以才令人不舒服。」老蘇說道。

「舉例說明一下吧!」阿曼達問道。

「好的!」老蘇解釋道:「有時候，我們會因為言論的『想法或觀念』不妥，而主張要禁止出版或限制該言論；至於言論的『想法或觀念的表達』則無不妥。例如色情刊物就屬於此類:『出版色情刊物』這個行為，只是一般言論的表達行為而已，並無不妥；我們覺得不妥的是『色情刊物的內容』。」

「喔，我懂了!」卡洛琳說道。

「至於有些言論，其『想法或觀念』並無不妥，然而我們卻認為其『想法或觀念的表達』有所不妥，所以主張要禁止出版或限制這種言論。例如在『限制揭露他人隱私』這個例子中，言論的『想法或觀念』（隱私的內容）並沒有什麼不妥；不妥的是言論的『想法或觀念的表達』（把他人隱私揭露出來）。」老蘇說道。

「嗯，好像蠻有道理的呀!」卡洛琳回應道。

「如果是這樣的話，」老蘇繼續說道：「那麼我們所說的冒犯言論，究竟是因為其『想法或觀念』不妥，還是其『想法或觀念的表達』不妥，所以我們才主張要限制它們呢?」

「那還用說!」阿曼達回應道：「當然是因為『想法或觀念』不妥，所以我們才主張要限制它們呀! 例如對於思果奇社區的猶太人而言，令人不舒服的是『新納粹組織的遊行口號內容』，而不是這些口號的表達行為。」

「如果是這樣的話，」老蘇追問道：「那麼假如有一個人並沒有到思果奇社區高喊新納粹組織的遊行口號，而只是在家裡高喊這些口號，請問政府可有充分理由限制?」

「喔……這應該是個人自由吧? 所以我想政府並沒有理由限制。」卡洛琳小心翼翼的回應道。

「所以囉，可見我們是因為『想法或觀念的表達』不妥，所以才主張要限制冒犯言論呀! 」老蘇說道：「如果是因為『想法或觀念』不妥而主張要限制冒犯言論，那麼我們應該會主張，要限制在家裡高喊新納粹組織的遊行口號才是呀!」

「喔……所以你的意思是：『高喊新納粹組織的遊行口號』之所以不妥，並不是因為口號本身不妥，而是因為這些口號表達的方式不妥——例如: 它們可以在家裡高喊，可是卻不應該在思果奇社區高喊，是不是?」阿曼達問道。

「對極了!」老蘇滿意的回應道。

「所以呢?」阿曼達問道。

「好! 我現在問妳，」老蘇追問道：「如果色情刊物是一

種冒犯言論，那麼它究竟是因為其『想法或觀念』不妥，還是其『想法或觀念的表達』不妥，所以我們才主張要限制它們呢?」

「喔！這次我可絕不會讓步了。」阿曼達斬釘截鐵的說道:「我們當然是因為色情刊物的『想法或觀念』不妥，所以才主張要限制它們啊!」

「等等！妳確定嗎?」老蘇以狐疑的語氣追問道:「假設一個人只是在家裡拍攝 A 片，請問政府可以破門而入，並查禁這些 A 片嗎?」

「喔……如果這些 A 片並沒有外流，那麼政府應該沒有理由查禁它們吧!」卡洛琳充滿遲疑的回應道。

「如果只要是言論的『想法或觀念』不妥，政府就可以限制這些言論，那麼照理說，無論 A 片是否外流，政府都應該有充分理由破門而入，查禁 A 片了。」老蘇說道:「可是妳現在承認:只要 A 片並沒有外流，那麼政府就沒有理由查禁它們;所以我們就可以推論出下列結論:『言論的想法或觀念不妥』並不能是限制言論的充分理由。」

「那麼什麼才是限制言論的充分理由呢?」阿曼達問道。

「因為我們只有『言論的想法或觀念不妥』，及『言論的想法或觀念的表達不妥』這兩個可能選項，現在既然『言論的想法或觀念不妥』已被我們排除了，所以顯然『言論的想法或觀念的表達不妥』才可能是限制言論的充分理由。」老蘇回應道。

「可是我們又怎麼判斷什麼樣的言論的想法，或觀念的表達才是不妥的呢？」卡洛琳問道。

****

「這個問題太有水準了！」老蘇說道：「讓我們以上面的例子中的 A 片為例。如果 A 片並沒有外流，則我們會認為政府沒有理由查禁它們；相較之下，如果 A 片外流，則我們就會認為政府有充分理由查禁它們。可見問題的關鍵在於，『A 片沒有外流』或『A 片外流』。」

「它們又有什麼差別？」卡洛琳問道。

「這又是一個好問題！」老蘇回應道：「請問：我們為什麼會認為『A 片外流』，會使得政府有充分理由查禁它們？理由不外乎如下：如此一來，不喜歡 A 片的人，以及未成年人就可能會接觸到 A 片；不喜歡 A 片的人，應該有不接觸 A 片的自由，而未成年人也應該避免接觸 A 片；所以在此情況下，政府當然就應該出面查禁外流的 A 片了。」

「所以你的意思是：只要不喜歡 A 片的人及未成年人有『接觸到 A 片的可能性』，那麼政府就可以理直氣壯出面查禁 A 片？」不等卡洛琳回應，阿曼達馬上說道：「如果是這樣的話，那麼這表示現在政府就可以趕快把 A 片全部查禁，因為不喜歡 A 片的人及未成年人總是有『接觸到 A 片的可能性』呀！哇！這太棒了，這正好是我喜歡的結論呀！」

「喔！這萬萬不可！」老蘇回應道：「因為凡事皆可能，所以『讓不喜歡Ａ片的人，及未成年人沒有接觸到Ａ片的可能性』，根本是無法達到的目標！」

「所以呢？這又有何不可？」卡洛琳問道。

「如果是這樣的話，那麼無論Ａ片是否外流，政府就都有充分理由破門而入查禁Ａ片了，因為不喜歡Ａ片的人，及未成年人總是有接觸到Ａ片的可能性──不管Ａ片是否外流。」老蘇說道：「其結果，則是使得我們言論自由的範圍大大受到限制了。這表示『不喜歡Ａ片的人，及未成年人有接觸到Ａ片的可能性』這個限制言論自由的標準太低了！」

「所以呢？」阿曼達追問道。

「所以我們應該把限制言論自由的標準拉高。我的想法如下：只要把重點從『是否有接觸到Ａ片的可能性』，轉移到『是否有避免接觸到Ａ片的機會』，這樣應該就可以把限制言論自由的標準拉高了！」老蘇回應道。

「解釋一下吧！」阿曼達問道。

「我的意思是應該把限制言論自由的標準拉高如下：只有當言論（例如Ａ片或新納粹組織到思果奇社區的遊行口號等冒犯言論）如影隨形，使得他人根本沒有避開言論的機會或可能性，此時政府才可能有充分理由限制該言論。如此一來，我們才不會限制太多言論，並可因此保障言論自由。」老蘇說：「相較之下，言論使得他人『有接觸的可能性』，並不能作為政府查禁言論的充分理由──因為凡事皆可能，任何

人都有接觸到任何言論的可能性; 如果『他人有接觸到言論的可能性』可以作為查禁言論的標準,那麼政府就有充分理由查禁任何言論了! 這顯然會使得我們完全喪失了言論自由。」老蘇說道。

「可是我認為這個限制言論自由的標準實在太高了! 請問: 究竟什麼樣的言論才能滿足這麼高的要求呢?」阿曼達問道。

「我承認滿足這種標準,以至於必須加以限制的言論,的確不多。不過這不正是我們所需要的結論嗎? 因為言論自由很重要,所以必須加以限制的言論本來就不能夠太多,不是嗎?」老蘇說道。

「喔! 且慢,且慢! 如果你不能舉出滿足這種標準,以至於必須加以限制的言論,究竟是什麼,那麼我就不能認同你的主張!」阿曼達抗議道。

「好吧,聽好了!」老蘇說:「滿足這種標準,以至於必須加以限制的言論,的確存在。想像下面這種情況: 假設有人偷偷在妳的腦袋內裝入一個儀器,並使得妳無時無刻都無法擺脫某種言論的糾纏; 在此情況下,妳顯然並沒有『避免接觸該言論的機會』,所以政府當然就有充分理由出面限制這種言論。」

「所以照你這樣說,A片或新納粹組織的冒犯言論,並不是別人偷偷在你的腦袋內裝入的儀器,它們也不會使得你無時無刻都無法擺脫它們的糾纏。換句話說,它們顯然並沒

有滿足『使得他人沒有避免接觸的機會』此一標準。如果是這樣的話，政府就根本沒有充分理由，查禁 A 片或新納粹組織的冒犯言論，是不是?」卡洛琳說。

「對極了!」老蘇得意的說道。

「我非常不喜歡這個結論。」阿曼達說：「這簡直就是妖言惑眾，顛倒是非!」

「我也很不喜歡這個結論!」卡洛琳附和道。

「Well, so this is the end of discussion.」老蘇聳聳肩，莫可奈何的回應道。老蘇、阿曼達、卡洛琳三人的對話就在尷尬的氣氛下結束了。三個人最後不歡而散。

如前所述，自由主義者認為我們要捍衛言論自由。然而我們可問：在自由主義社會中，政府當局是否可以「言論冒犯他人」為理由來限制言論自由（例如：政府是否可以「言論冒犯他人」為理由來限制色情刊物、網路色情、仇恨言論或毀謗言論)？

在本章中，老蘇、阿曼達、卡洛琳三人，對於「觀賞 A 片是否不應該」此一問題展開了第四場辯論，而上述問題正是這第四場辯論的主題。

為此，在本章中，老蘇、阿曼達、卡洛琳三人，首先討論了密爾在《論自由》第二章中所提出的著名的「傷害原則」

(the harm principle)，並討論「傷害他人」是否能是政府限制個人自由的合理理由。

　　若把「傷害原則」運用在言論自由問題上，則我們就可把密爾的主張表述如下：「言論是否對別人造成傷害 (harm)」，是限制言論自由的唯一標準。依密爾的「傷害原則」，若言論對他人造成傷害，則我們自須對此等言論加以限制。

　　然而誠如老蘇所言，「言論傷害他人」此一標準之確切意義，目前仍難以掌握。如西洋諺語所云：「言語不會傷人，唯石頭會傷人。」

　　不過在極少數情況下，言論卻也會對他人直接造成傷害。美國大法官賀姆斯就曾指出：言論自由並不包括「在擁擠的戲院中大叫『失火了』的自由」——在此，「失火了」此一言論就會直接傷害到他人。

　　讓我們稱上述這種言論為「直接導致傷害的言論」。除此之外，在大部分情況下，由於言論並無法直接傷害他人，因此大部分言論並不是「直接導致傷害的言論」。賀姆斯言下之意似乎主張：只要言論 S 並不是「直接導致傷害的言論」，則我們就不能以密爾的「傷害原則」來主張限制言論 S。

　　若是如此，則我們也可主張：「製造或消費色情刊物」只會間接導致「婦女受到傷害」（直接導致「婦女受到傷害」的是色情刊物的消費者，而非色情刊物本身），因此色情刊物並不是「直接導致傷害的言論」；也因此，我們當然不能以密爾的「傷害原則」來主張限制色情刊物。

在本章後半部分，老蘇還試圖從言論的「想法或觀念」（ideas 或 what is said，即言論或表達之內容），及言論的「想法或觀念的表達」（expression of ideas 或 how something is said，即言論的表達行為本身），這兩個層面來探討言論自由問題。

直覺觀之，限制言論自由的理由可以有下列兩類：

一、因為言論的「想法或觀念」不妥，故禁止出版或限制之；至於言論的「想法或觀念的表達」則無不妥（如限制色情刊物即屬此類）。

二、言論的「想法或觀念」並無不妥，然而言論的「想法或觀念的表達」則不妥，故禁止出版或限制之（如限制揭露他人隱私即是）。

若是如此，則我們要問：要限制言論自由，什麼時候該以「言論的想法或觀念」為考量，而什麼時候又該以「言論的想法或觀念的表達」為考量呢？若不釐清此一問題，則顯然會產生自由主義者所擔心的「滑坡效應」與「寒蟬效應」，理由如下：獨裁政權為箝制言論自由，可時而以「言論的想法或觀念不妥」為理由，時而以「言論的想法或觀念的表達不妥」為考量，一切全依統治者個人喜好而定。其結果，則會使我們因此喪失了言論自由。

現在讓我們看看自由主義者會如何回答上述問題。由第五章的討論可見：對於言論自由問題，自由主義者似乎多把注意的焦點，放在言論的「想法或觀念」此一層面上，而忽

略了言論的「想法或觀念的表達」此一層面。自由主義者似乎認為：我們不能針對言論的「想法或觀念」而主張查禁或限制該言論。

這似乎暗示我們：對於自由主義者而言，為了限制某個言論，我們最多也只能以言論的「想法或觀念的表達不妥」為理由。

然而對於上述主張，美國當代著名法哲學家范伯格 (Joel Feinberg) 並不表同意。為此，他提出了著名的「冒犯原則」(the offense principle)，並指出：欲限制言論自由，我們既可以把焦點放在「言論的想法或觀念」上，也可以把焦點放在「言論的想法或觀念的表達」上。這正是本章後半部分老蘇及卡洛琳所討論的重點所在。

不過在探討范伯格的「冒犯原則」之前，我們必須首先指出「冒犯」所具有的特性如下：

一、「冒犯」多由言論所致，而通常言論所致者，並不會是「肉體傷害」(physical harm)，而至多僅是「精神傷害」而已。

二、言論之所以「冒犯」他人，多是由於言論涉及對他人信念、態度、情感之批評，或言論內容涉及性、政治、宗教等議題所致。

三、「冒犯」他人之言論之所以會對他人造成「精神傷害」，其先決條件為：他人必須正視「冒犯」(take offence)、視「冒犯」之言論為「冒犯」言論。

我們可稱三為「冒犯之主觀性」(the subjectivity of taking

offence)。現在我們要追問：我們是否可以僅因言論「冒犯」了我們，而主張要限制該言論呢？

筆者認為答案顯然是否定的，理由如下：任何人皆可因任何事物而自認遭到冒犯──尤其對性、政治、宗教等議題過度敏感的人而言，情形更是如此。如此一來，若主張「言論是否冒犯他人」可以作為限制言論自由之標準，則我們可以說的言論就會少之又少。其結果，則顯然會產生自由主義者擔心的「滑坡效應」與「寒蟬效應」，並因此嚴重侵害了言論自由。

可見問題的癥結在於「冒犯之主觀性」：若一日不擺脫「冒犯之主觀性」，則我們就無法以「言論是否冒犯他人」，作為限制言論自由之標準。

如此一來，我們就可以繼續探討范伯格的「冒犯原則」了。事實上，范伯格的「冒犯原則」正是為了擺脫「冒犯之主觀性」，其內容如下：

一、「冒犯」他人之言論應受限制，當而且僅當該言論「冒犯」了所有人；而且

二、該言論係「受冒犯之他人」無法合理避免者。我們可稱前者為「冒犯之普遍性原則」(the principle of universality)，而稱後者為「冒犯之合理可避免原則」(the principle of reasonable avoidability)。

范伯格認為「冒犯原則」應考慮下列因素：冒犯的廣度、強度、持續時間、是否能輕易避免、冒犯者的動機、受冒犯

的人數等。依范伯格之「冒犯原則」，若某一言論「冒犯」了所有人，而且我們並無法合理避免該言論，則我們自當對此等言論加以限制。

事實上，在自由社會中，我們似乎常以「冒犯原則」來作為限制某些行為的理由，例如「禁止在賣場內裸奔或做愛」即是。現在我們要問：范伯格的「冒犯原則」，是否可以為限制言論自由，提供站得住腳的理由呢？

由本章後半部分老蘇、阿曼達、卡洛琳三人的討論觀之，筆者認為答案顯然是否定的，理由如下：

一、就「冒犯之普遍性原則」而論，嚴格言之，並沒有任何言論可以同時「冒犯」所有人，因為某個言論可能「冒犯」了張三，然而李四卻覺得該言論幽默、有趣；尤有甚者，我們反而還可依「冒犯之普遍性原則」所導致之上述後果，而主張任何言論皆無限制或禁止之理由。換言之，「冒犯之普遍性原則」非但無法為限制言論提供充分理由，反而還為絕對的言論自由提供了絕佳之論證。

二、「冒犯原則」在實際應用上會面臨許多困難，因為誠如老蘇所指出：某個行為之所以使得一個人覺得受到冒犯，可能是由於受到冒犯的人過於敏感，或對該行為存有偏見所致。

三、有時候，某一言論之所以冒犯他人，並不是由於其內容「泛指某一群體中之所有人」，而恰恰是因為其內容「單單針對群體中之某特定人士」所致——換言之，言論之所以

冒犯他人，有時候並非由於該言論之內容具有「普遍性」，反而是由於其內容具有「特殊性」所致。例如：若宴會中只有張三是殘障人士，則張三自當會因嘲弄殘障人士之笑話而深受冒犯。可見「冒犯之普遍性原則」並不具說服力。

四、我們可追問：何謂「可合理避免」？姑且不論其確切意義，某一言論即使具有直覺意義下的「可合理避免」，然而卻無損於其「冒犯」我們之能力。例如在上述例子中，張三並無法因為對嘲弄殘障人士之笑話充耳不聞或離開會場，便因此不覺受到冒犯。尤有甚者，我們可以說：嚴格來說，對於任何言論，我們皆可「合理避免」，且對「是否視某一言論為冒犯」，我們也都擁有自主能力。若是如此，則我們自可依「冒犯之合理可避免原則」，而主張我們並沒有充分理由限制任何言論。

五、「冒犯原則」會得出下列奇怪的結論：我們似乎有充分理由限制公共場所的色情刊物廣告，因為它無法讓公眾輕易避免；然而我們卻沒有充分理由限制色情刊物本身，因為它能讓公眾輕易避免——換言之，依「冒犯原則」，對廣告本身的限制，要比對「廣告內容」的限制還要嚴格！

六、就「冒犯之合理可避免原則」而論，情形則是如此：例如，在瀏覽色情網站或購買色情刊物之前，我們多會首先面臨一警語，警告我們此乃色情網站或色情刊物。這表示在大多數情況下，我們對「是否瀏覽色情網站」，或「是否購買色情刊物」擁有自主能力——即：色情網站或色情刊物其實

是我們可以「合理避免」的。因此，若「冒犯之合理可避免原則」能夠成立，則我們自無充分理由限制「附有警語之色情網站或色情刊物」，而僅能限制「未附有警語、甚至強迫我們瀏覽之色情網站或色情刊物」。

此外，依范伯格的「冒犯原則」，我們也沒有充分理由限制色情刊物，或如 2002 年被澳洲政府查禁的法國限制級電影《姦我》(Baise-Moi)，因為我們只要關閉網路瀏覽器，闔上書本或不觀賞限制級電影，就可合理避免色情網站、色情刊物或限制級電影。

事實上，「我們沒有理由查禁色情刊物」，正是老蘇所得出的結論。范伯格也認可此一結論，他的理由如下：

A. 首先，以「冒犯之合理可避免原則」觀之，我們並沒有充分理由查禁色情刊物，因為色情刊物顯然能輕易避免。這可以分成兩點說明：

a. 如果一個人為了娛樂而自願觀賞色情刊物，則自不適用「冒犯原則」。

b. 如果一個人在不知情的情況下誤讀了色情刊物，並因而受到冒犯，則他（她）只需蓋上書本，便可解決問題。

B. 其次，以冒犯之強度觀之，對於以暴力、貶抑婦女為內容的色情刊物，我們不須觀賞，僅僅知道它們存在就會覺得受到冒犯；然而對於這種色情刊物，范伯格認為我們也沒有充分理由加以限制，因為「一個人受到色情刊物冒犯且無法避免」實遠比「一個人僅僅知道冒犯的色情刊物存在」還

要嚴重。而依「冒犯原則」，我們只可能有充分理由限制前者，而非後者。

七、同理，依范伯格的「冒犯原則」，老蘇認為我們也沒有充分理由限制仇恨言論：例如美國的新納粹主義份子到猶太社區思果奇 (Skokie) 抗議。在此情況下，依范伯格的「冒犯原則」，我們沒有充分理由限制新納粹主義份子的反猶太言論，因為猶太人其實可以合理避免該反猶太言論——只要他們離開社區，甚至只要對反猶太言論充耳不聞，就可以「合理避開」該等仇恨言論。

如本章所述，在上述結論中，許多結論都是阿曼達及卡洛琳所不樂見，這正是當代自由主義者與部分女性主義者的爭論焦點所在。

＊第七章＊
思果奇的猶太人
及其敵人

主題：我們有說仇恨言論的自由嗎？

故事主角：宅憤青、阿曼達、卡洛琳

故事：在上一章最後，老蘇、阿曼達、卡洛琳三人，談到了美國新納
　　　粹組織到思果奇猶太社區去示威一事，並討論了「政府是否有
　　　充分理由限制冒犯言論」此一問題。對於作為冒犯言論的仇恨
　　　言論，老蘇還是維持一貫立場，認為政府不應限制；然而阿曼
　　　達、卡洛琳卻深深不以為然。於是在這一章中，宅憤青、阿曼
　　　達和卡洛琳，又對於「政府是否有充分理由限制仇恨言論」此
　　　一問題展開了另一場激辯。

　　經過了一夜的沉澱，卡洛琳在上午上學的路上，對於老蘇「政府沒有充分理由限制仇恨言論」此一論點，還是深深不以為然。

　　尤其最近法國發生了《查理周刊》用漫畫嘲諷伊斯蘭教，並導致了恐怖份子攻擊一事，更加深了卡洛琳對老蘇論點的懷疑。「恐怖份子殺人當然不對，可是，我該尊重你的言論自由，那你該不該尊重我的文化或宗教信仰?」卡洛琳心裡思索著。

　　今天的課程是在政大山上校區上課。從政大山下校區到山上校區有三種方式：走路上山、搭一元公車、搭水岸電梯。「我從來就沒有搭過水岸電梯上山。今天就來搭一次看看吧!」卡洛琳自言自語道。

　　沒想到搭了水岸電梯到了山上校區後，一走出電梯，便看見宅憤青走在前面。

　　「我還是非常不能認同你的老搭檔老蘇昨天的結論!」卡洛琳箭步向前趕上宅憤青，並劈頭對著宅憤青說道。

　　「啊! 昨天的結論是什麼呢?」宅憤青在驚嚇之餘，不解的問道：「我根本就不知道妳們昨天和老蘇辯論些什麼啊! 妳能不能再說一次呢?」

　　「聽好了!」由於懷疑宅憤青根本就在裝蒜，卡洛琳有些發火，並繼續說道：「你的老搭檔老蘇昨天說，我們應該把限制言論自由的標準拉高如下：只有當某個言論如影隨形，使得他人根本沒有避開言論的機會或可能性，此時政府才可能

有充分理由限制該言論。如此一來，我們才不會限制太多言論，並可因此保障言論自由。」

「喔！我記起來了！我曾聽老蘇說過這個論點。」宅憤青說道：「不過我九點有課啊，所以現在沒時間和妳聊。要不要下次再聊呢？」

「何必下次呢？擇日不如撞日，乾脆今天中午就在這裡來一場辯論比賽如何？」卡洛琳覺得宅憤青根本沒有討論的誠意，所以有些不悅的說道：「聽好了，這裡是藝文中心！今天中午就在這裡見！請把老蘇找來，我也會把阿曼達找來。不見不散！」

「喔！是！遵命！」宅憤青看出了卡洛琳的憤怒，所以就趕快識相的走開了。

****

時間過得很快，轉眼已到了中午，隆隆戰鼓聲響起。仇恨言論的辯論大賽即將在政大山上校區藝文中心舉行。

這時，只見阿曼達和卡洛琳早已在藝文中心待命出擊，就等老蘇及宅憤青抵達，辯論大賽就可開始。

怎知就在此時，卻只有宅憤青依約前來，而不見老蘇人影。

「老蘇下午有事，所以中午不能來參加辯論了。他要我向兩位致歉，還請見諒啊！」宅憤青低聲下氣的說道。

「沒關係啊，只要不是臨陣脫逃就好了。」阿曼達冷冷的說：「看來今天又是兩個打一個了，只要你不介意便可。」

「當然不介意！」宅憤青趕忙回應道。

「好吧！讓我們就開門見山吧！」阿曼達說：「上次老蘇說：由於 A 片或跑到思果奇猶太社區去示威的新納粹組織的冒犯言論，並不會使得他人無時無刻都無法擺脫它們的糾纏，所以它們顯然並沒有滿足『如影隨形、他人無法避開』此一標準。」

「換句話說，老蘇認為政府沒有充分理由查禁 A 片，或新納粹組織的冒犯言論。」卡洛琳心不甘情不願的補充道。

「妳們說得太好了！這又有何不對呢？」宅憤青問道。

「好，聽好了！關於 A 片是否應該查禁一事，我可以睜一眼、閉一眼，不跟你計較。」阿曼達說道：「畢竟男生總是血氣方剛，所以我可以諒解你們需要 A 片來解決生理需求。可是新納粹組織的冒犯言論就不一樣了！這些言論根本就是仇恨言論，對猶太人簡直就是侮辱！請問我們為什麼要容忍仇恨言論呢？」

「對於妳們的主張，我在情感上完全可以接受。仇恨言論實在太可惡了，不是嗎？」宅憤青說道：「可是從理性觀點看來，我們卻也被迫要接受、容忍仇恨言論，否則我們所珍惜的言論自由就會毀於一旦呀！這妳們總不能反對吧？」

「難道真的必須如此嗎？這我完全不能接受！」這下阿曼達可是火力全開了，繼續抗議道：「請注意：為了支持『我們

必須容忍仇恨言論』這個結論，你從頭到尾所訴諸的唯一理由，就只是『為了維護言論自由』而已。拜託不要再老調重彈了好嗎？難道不能有更好、更能說服人的理由嗎？」

「好吧！既然妳們這麼說，那麼就讓我再提出一個論證，來支持『我們必須容忍仇恨言論』這個結論吧！」宅憤青回應道。

「咦？你竟然還變得出新把戲？好啊，放馬過來吧！」雖然表面上還是維持強硬的姿態，不過對於宅憤青即將提出來的新論證，卡洛琳心裡倒是有些擔心自己無法招架得住。

「好吧，讓我們從民主政治談起好了。」宅憤青問道：「請問妳們認為民主政治好不好呢？」

「Of course，民主政治當然好啊！雖然民主政治並不完美，可是我喜歡自己手中的這張選票，可以用來選出真正為我服務的人。」阿曼達一邊回應道，一邊狐疑宅憤青葫蘆裡究竟賣什麼藥。

「所以妳們喜歡民主政治中每個人都有投票權，對吧？」不等阿曼達及卡洛琳回應，宅憤青繼續說道：「不過民主政治不僅讓每個人都有投票權而已，它還讓每個人都可以對於任何議題擁有發言權，不是嗎？無論妳們贊不贊成，我都覺得『民主政治讓每個人對於任何議題都擁有發言權』，這點實在是太棒了！」

「喔！I couldn't agree with you more. 所以呢？」阿曼達及卡洛琳不約而同的回應道，同時狐疑的看著宅憤青。

「可是，難道我們不能命令某些人，對於某些議題應該閉嘴、不讓他們發表意見嗎?」宅憤青問道。

「嘿! 這是什麼意思?」阿曼達突然大聲抗議道:「我們憑什麼要求某些人閉嘴? 誰又有這麼大的權力要求別人閉嘴呢?」

「說得太好了!」宅憤青回應道:「在自由社會中，沒有任何人可以宣稱自己是全知全能的神，不是嗎? 換言之，我們都只是凡人而已，而凡人皆會犯錯。所以對於任何議題，不管我們對於自己的意見多麼有把握，我們都不能保證自己的意見或判斷永遠不會出錯，是不是這樣啊?」

「對極了!」卡洛琳此時點頭如搗蒜。

「所以我們既沒有資格、也沒有權力要求別人對於某個議題閉嘴，因為我們的意見可能是錯的，是不是?」宅憤青問道。

「是的!」阿曼達回應道。

「好吧，讓我再問妳們: 為什麼每個人對於任何議題都應該擁有發言權? 為什麼『發言權』這麼重要? 對於這些問題，妳們可有任何高見呢?」宅憤青繼續問道。

「嗯，我想我有答案了!」約莫過了一分鐘，阿曼達終於開口回答道:「在民主政治中，我們不僅希望自己手中的選票可以發揮作用，選出能夠替我們服務的人，而且我們也希望自己對於某個議題的態度、意見，能夠發揮作用影響別人。」

「可是民主政治已經讓我們擁有投票權了啊! 這難道還

不夠嗎？為什麼還需要發言權呢？」宅憤青追問道。

　　這時只見阿曼達及卡洛琳陷入沉思之中。

　　　　　　　＊＊＊＊＊＊＊＊

　　「我又有答案了！」約莫過了三分鐘，卡洛琳又回答道：「讓我們來比較一下投票權和發言權，以便看看誰比較重要。我認為如果一個人沒有發言權，那麼他所擁有的投票權就會一點意義也沒有！可見發言權非常重要啊！」

　　「哦？願聞其詳！」此時只見宅憤青豎起了耳朵，準備受教。

　　「如果一個人只有投票權而沒有發言權，那麼他就只能默默的聆聽他人意見，而不能表示不同意見。」卡洛琳回答道：「特別是在『眾人皆醉而我獨醒』的情況下，更是如此：當他發現多數人的意見其實是錯誤的，因而不同意多數人的意見時，他也不能獨排眾議表示反對。」

　　「我想卡洛琳說得對極了！」阿曼達此時附和道。

　　「所以如此一來，他就只能消極的用選票來表達不同意見，而無法積極的參與討論，也無法力挽狂瀾。這等於遭到多數人的錯誤意見所霸凌，這是多麼可怕的事情啊！是不是？」宅憤青補充道。

　　這時只見阿曼達及卡洛琳點點頭，表示同意。

　　「關於『眾人皆醉而我獨醒』的情況，我最近倒是發現

了兩個血淋淋的歷史事件可用來說明這點。」宅憤青說：「我曾經在網站上看過一張照片，照片的內容是 1936 年的德國漢堡，船廠工人們正在觀看納粹海軍訓練艦下水儀式。在向納粹致敬的人海中，只有一名男子拒絕舉手致敬。他的名字叫 August Landmesser。」

「哦？真有此事？」卡洛琳追問道。

「Landmesser 為了找工作而在 1931 年加入納粹黨，不過由於他之後和一名猶太女子訂婚，所以在 1935 年被納粹黨撤銷黨籍。Landmesser 隨後和該名猶太女子結婚，不過卻在一個月後被納粹法律所撤銷。」宅憤青繼續說道：「在 1937 年，Landmesser 被控『汙染亞利安民族』罪名，並被判有罪。在 1938 年，Landmesser 被逮捕並送入監獄，服刑兩年半。」

「哇！怎麼會這樣？後來呢？」卡洛琳急切的追問道。

「Landmesser 後來在二戰中失蹤，1949 年被宣佈死亡。」宅憤青說：「可見平凡人也可以有非凡勇氣啊！」

「Landmesser 真令人敬佩！」卡洛琳說道。

「另一個歷史事件也發生在二戰時的德國。索爾兄妹 (Hans and Sophie Scholl) 是反納粹主義運動組織白玫瑰的成員。1943 年 2 月 18 日索爾兄妹在慕尼黑大學散發傳單，反對納粹，結果被學校黨工發現並報告給蓋世太保，立刻遭到逮捕，4 天後被判死刑，遭到砍頭。」宅憤青繼續說道。

「哇！」卡洛琳大叫道。

此時只見三人不約而同的望著遠方，同時陷入沉默之中。

　　「Landmesser 及索爾兄妹的故事告訴我們: 如果 Landmesser 及索爾兄妹能夠公開發言反對納粹, 那麼也許他們就有機會影響他人。如此一來, 也許其他德國人就會從納粹的洗腦文宣中猛然驚醒, 而第二次世界大戰也許就能因而避免了, 不是嗎?」宅憤青終於打破沉默, 並繼續說道:「可是事實上, 索爾兄妹是硬生生的被剝奪發言權; 而 Landmesser 並不敢發表意見, 因此等於沒有發言權, 其結果, 則是他就只能被動的拒絕舉手致敬了。這就相當於他只能用投票權來抗議納粹, 事實證明並沒有什麼作用。」

　　「由此可見: 如果一個人只有投票權而沒有發言權, 那麼投票權其實並無法發揮多大作用。因為如此一來, 我們最多就只不過是政治人物或政黨的投票部隊而已, 和投票機器有何不同?」這時阿曼達也打破了沉默, 並總結道。

　　「所以重點在於投票表決之前, 我們必須對於一個議題經過充分的討論, 並希望藉由充分討論來影響他人, 使得他人同意我們對議題的看法。而充分討論之所以可能, 又在於每個人都有發表意見的機會（或擁有發言權）。所以, 只有當一個人擁有發言權, 此時他所擁有的投票權才有意義。」宅憤青總結道。

　　「嗯, 看來應該是這樣吧!」阿曼達回應道。

　　「不過對於某個議題而言, 只有讓贊成、反對的人們, 都有發表意見的機會（或擁有發言權）, 還是不夠的。民主政治必須要讓贊成、反對的每個人都享有同等的發言權, 這樣

才算是公平。」宅憤青斬釘截鐵的說道：「什麼是『同等的發言權』？ 答案是『同等表達意見的機會』。妳們同意嗎？」

「你能不能再說明一下呢？」阿曼達問道。

「當然好啊！」宅憤青說：「什麼是『同等表達意見的機會』？ 對於某個議題，如果張三有（例如）三次發言的機會，那麼李四也應該享有三次發言的機會。發言的機會不會因為立場的差異而有不同，如此一來，才會對張三及李四都公平。在此情況下，張三和李四就有同等表達意見的機會。妳們同意嗎？」

「應該是這樣吧！」卡洛琳回應道。

「對於任何議題，如果竟然有人沒有同等表達意見的機會，甚至被禁止表達意見，那麼隨後的投票結果想必就不會被他所接受，因為討論過程對他並不公平。是不是這樣啊？」宅憤青問道。

「是啊！ 應該沒錯吧！」阿曼達回應道。

「由此可見：對於任何議題的討論，我們必須讓贊成、反對的意見都有同等表達的機會，在此情況下，議題才算經過了充分討論。唯有如此，隨後的投票結果也才能為贊成、反對的所有人所接受。」宅憤青繼續說道：「若是如此，則同理也適用於法律的制定：在立法過程中，只有當贊成、反對的意見都有同等表達的機會，此時法律才算經過了充分討論，立法通過的法律才會為贊成、反對的所有人所接受。當所有人都接受了法律，此時法律就等於得到了合法性。是不是這

樣啊?」

「嗯，看來是這樣沒錯吧!」阿曼達及卡洛琳開始小心翼翼的回應道。

****

「太好了!」宅憤青說道:「到目前為止，看來我們並沒有爭論。不過我們剛才都是圍著『同等表達意見的機會』這個概念打轉。現在我要問妳們:對於任何議題，是不是任何人都應該擁有發言權?」

「Of course，這算什麼問題?」阿曼達以不解的眼神望著宅憤青，並回應道。

「現在讓我們想像，國會正在討論是否通過『反種族歧視法』，以便處罰種族歧視的行為。」宅憤青繼續追問道:「請問我們應不應該立法通過『反種族歧視法』呢?」

「當然，我舉雙手贊成!」卡洛琳回應道。「我也贊成!」阿曼達說。

「『反種族歧視法』不僅應該立法通過，而且它也應該為所有人所接受，並得到合法性，是不是?」宅憤青問道。

「當然!」卡洛琳回應道。

「那麼再請問:對於『反種族歧視法是否應立法通過』此一議題，誰才應該擁有發言權呢?」宅憤青問道。

「這個問題很簡單呀，答案當然是『任一何一人一都一

應一該一對一這一個一議一題一擁一有一發一言一權」! 清楚了嗎?」此時阿曼達故意字正腔圓，一字一字慢慢的說。

殊不知此時阿曼達及卡洛琳，已經不知不覺掉入宅憤青的陷阱中了。

「太好了!」宅憤青追問道:「所以妳們的意思是不是: 無論贊成或反對『反種族歧視法』，每個人不僅都應該有表達意見的機會，而且也都應該有同等表達意見的機會。若不如此，則既不對所有人都公平，而且『反種族歧視法』也不會得到合法性，是不是?」宅憤青問道。

「是的!」阿曼達斬釘截鐵的回應道。

「好!」宅憤青繼續說道:「現在讓我們再想像李四贊成通過『反種族歧視法』，而張三則反對通過『反種族歧視法』。假設張三為了反對『反種族歧視法』，因此說了『所有猶太人都是低等生物』此一仇恨言論，請問張三可不可以說出此一仇恨言論呢?」

「嘿! 張三怎麼可以說出仇恨言論?」卡洛琳突然暴跳如雷，並大聲抗議道:「張三犯規了吧! 我們不是說任何人都不能說出仇恨言論嗎?」

「為什麼不行呢?」宅憤青反問道:「我們剛才說『每個人都應該有表達意見的機會，而且也應該有同等表達意見的機會』，可是我們並沒有說『任何人都不能用仇恨言論來表達自己的意見』，不是嗎?」

「可是……」此時阿曼達突然語塞，說不出話來了。她

現在終於了解：目前為止的所有對話，原來都是宅憤青包藏禍心、為了引誘她們落入陷阱而精心設計的結果。

「好吧！為了讓妳們心服口服，讓我們再重新整理思緒以便看出問題的癥結吧!」宅憤青說道：「如果我們接受『每個人都應該有表達意見的機會』，那麼我們就也應該接受『每個人都應該有藉由仇恨言論來表達意見的機會』，不是嗎?」

「……」阿曼達及卡洛琳還是想不出什麼理由來反擊。

「既然如此，」宅憤青總結道：「所以我們當然應該允許仇恨言論了!」此時只見宅憤青拿出了平板電腦，並寫下下列論證：

---

1. 只有當我們讓贊成、反對政策、法律的各種立場，有同等表達意見的機會，此時政策、法律才會得到合法性。
2. 只有當我們允許包括仇恨言論在內的言論有表達出來的自由，此時贊成、反對政策、法律的各種立場，才能有同等表達意見的機會。
3. 反種族歧視法應該得到合法性。
   　　因此，我們應該允許仇恨言論。

「所以我們顯然可以得出下列結論：只有當我們允許包括仇恨言論在內的言論有表達出來的自由，此時反種族歧視法才能得到合法性。」宅憤青興高采烈的補充道：「換言之，為了立法並名正言順的處罰種族歧視的行為，我們必須有說

出仇恨言論的言論自由呀！」

　　此時只見阿曼達及卡洛琳一直看著這個論證，還是不發一語。

****

　　「OK, Q. E. D.（證明完畢）！」約莫過了兩分鐘，宅憤青突然收起了平板電腦，準備轉身就走。

　　「等一下！這個論證有問題！」說時遲，那時快，此時只見阿曼達突然擋住宅憤青的去路，並大聲抗議道：「我認為你的論證有兩個大問題：第一個問題是，這個論證有不一致的嫌疑；第二個問題則是，這個論證無法得出『我們必須有說出仇恨言論的言論自由』這個結論！」

　　「哦？此話怎講？」宅憤青此時停下腳步，並追問道。

　　「OK，聽好了！」阿曼達繼續說道：「讓我們從『這個論證有不一致的嫌疑』這個問題開始談起。請問：導致種族歧視的行為的原因究竟有哪些呢？」

　　「原因很多呀！」宅憤青回應道：「想像一下一個人認為亞利安人是高等民族，而猶太人則是低等動物。我想這可能和從小所受的教育息息相關吧！」

　　「所以你的意思是不是：如果一個亞利安民族的小孩子從小耳濡目染，不斷接收到『亞利安人是高等民族，而猶太人則是低等動物』此一訊息，那麼這個小孩長大後就很可能

會有歧視猶太人的行為?」阿曼達追問道。

「我想是吧!」宅憤青回應道。

「『亞利安人是高等民族,而猶太人則是低等動物』是標準的仇恨言論,對吧?」阿曼達說。

「是的。」宅憤青回應道。

「若是如此,那麼我們似乎就可以得出下列結論:『亞利安人是高等民族,而猶太人則是低等動物』,此一仇恨言論正是導致種族歧視的行為的原因之一。你同意嗎?」阿曼達追問道。

「應該沒錯吧!」宅憤青回應道。

「那麼請問:你贊不贊成立法處罰種族歧視的行為?」阿曼達又追問道。

「當然贊成!」宅憤青斬釘截鐵的回應道。

「那麼你贊成立法處罰仇恨言論嗎?」阿曼達問道。

「當然不贊成!」宅憤青回應道:「我們有說出仇恨言論的言論自由呀!」

「既然你承認仇恨言論是導致種族歧視的行為的原因之一,也承認我們應該立法處罰種族歧視的行為。」阿曼達追問道:「換句話說,你主張要立法處罰『種族歧視的行為』此一結果,可是卻主張不能處罰『仇恨言論』此一原因,是不是這樣啊?」

「嗯……沒錯!」宅憤青遲疑了一下,然後回應道。

「若是如此,那麼請問:為何處罰結果,而卻不處罰原

因呢?」阿曼達終於亮出底牌了。

　　「咦？能不能再解釋一下呢?」宅憤青追問道。

　　「我的意思是：我們為何可以名正言順的處罰『種族歧視的行為』（仇恨言論所導致的結果），而卻不可以名正言順的處罰『導致種族歧視的行為的原因』（即『仇恨言論』）呢？這難道沒有不一致嗎?」阿曼達得意的說道。

　　「是呀！這恐怕不一致吧!」此時卡洛琳終於看出阿曼達處心積慮所佈的局了，所以趕快開口聲援阿曼達。

　　此時只見宅憤青不發一語，一時間竟想不出駁斥的理由。

　　「所以，為了一致起見，既然我們必須立法處罰作為結果的『種族歧視的行為』，我們當然也必須立法處罰作為原因的『仇恨言論』了，不是嗎？OK, Q. E. D.!」此時，阿曼達終於露出了勝利的微笑。

****

　　原來阿曼達及卡洛琳正為了宅憤青剛才轉身就走的無禮行徑而耿耿於懷。現在，為了還以顏色，她們兩人決定仿效宅憤青的無禮行徑，所以此時也收拾背包，並準備轉身就走。

　　「等一下！鹿死誰手還未可知呢!」宅憤青突然大叫道：「妳們的論證有問題呀!」

　　「咦？為什麼呢?」阿曼達大吃一驚，並憂心的追問道。

　　「請問：希特勒年輕時，曾在 1907 年及 1908 年兩度被

維也納藝術學院拒絕入學，妳們知道嗎？」宅憤青問道。

「是呀！」阿曼達回應道。

「落榜的希特勒後來到了德國，成立了納粹黨，最後掀起了第二次世界大戰，並殘忍的屠殺了六百萬名猶太人，這妳們也應該知道吧？」宅憤青問道。

「知道呀！所以呢？」卡洛琳不解的問道。

「所以我們可不可以這樣說：如果維也納藝術學院當初接受希特勒入學，也許希特勒後來就會是一位畫家，而不會是一個屠殺猶太人的劊子手了，是不是？」不等阿曼達及卡洛琳回應，宅憤青繼續說：「換句話說：『維也納藝術學院拒絕希特勒入學』可以說是原因，而『希特勒殘殺猶太人』則可以說是結果，不是嗎？」

「咦？這不太對吧⋯⋯」這下阿曼達終於看出宅憤青的詭計了！

「那麼再請問：如果當初活捉到希特勒，那麼妳們贊成對『殘殺猶太人』一事嚴厲處罰希特勒，甚至判希特勒死刑也在所不惜嗎？」宅憤青繼續咄咄逼人的追問道。

「嗯，這⋯⋯」現在，阿曼達完全想不出任何理由反擊了。

「所以，如果妳們剛才的推論成立的話，」宅憤青繼續說：「那麼我們就必須得出下列結論：既然我們必須嚴厲處罰作為結果的『希特勒殘殺猶太人』，我們當然也必須嚴厲處罰作為原因的『維也納藝術學院拒絕希特勒入學』了，不是

嗎?」

「……」阿曼達及卡洛琳再也說不出話來了。

宅憤青、阿曼達和卡洛琳的這場論戰，究竟誰才言之成理呢?

＊＊＊＊＊＊＊＊

「中午辯論時不小心被你 ambush 了，這不公平!」經過了白天的沉澱，阿曼達晚上在臉書上發現宅憤青上線中，便不由得抱怨道。

「哦? 所以原來妳今天上課時都一直心不在焉呀!」宅憤青故意揶揄阿曼達，以便為兩人之間略嫌緊張的氣氛降溫。

「你少和我抬槓了! 就讓我單刀直入的說吧! 我還是覺得你的論證有很大問題，而且可是 a B-I-G problem 喔!」阿曼達有些惱火的回應道，並故意大寫 BIG 這三個字。

「好啊，放馬過來吧!」宅憤青不疾不徐的回應道。

「聽好了!」阿曼達說:「我記得你的論證中有一個前提，大意如下: 為了使得反種族歧視法得到合法性，我們需要使得贊成、反對反種族歧視法的各種立場有同等表達意見的機會，是不是?」

「Exactly!」宅憤青簡潔的回應道。

「所以重點應該是『贊成、反對反種族歧視法的各種立場是否有表達意見的機會』，至於表達意見的方式是什麼，則

應該不是重點，是不是這樣啊?」阿曼達追問道。

「嗯，妳可以這樣說吧……」宅憤青突然起了戒心，所以略有保留的回應道。

「那麼我再請問你：反對反種族歧視法的張三既可以訴諸仇恨言論，也可以訴諸非仇恨言論的其他方式來表達其立場，是不是這樣啊?」阿曼達追問道。

「是呀!」宅憤青回應道。

「既然如此，那麼張三為什麼還是要堅持使用仇恨言論來表達意見呢?」阿曼達開始咄咄逼人的追問道：「我的意思是：只要反對反種族歧視法的張三，總是可以訴諸非仇恨言論的其他方式來表達其立場，那麼『禁止仇恨言論』就不會使得張三無法表達其立場了，不是嗎? 既然在『禁止仇恨言論』的情況下，張三還是可以表達其立場，可見『禁止仇恨言論』，根本就不會使得反種族歧視法失去合法性!」

「可是仇恨言論是張三想要使用的表達方式啊! 我們為什麼有理由限制他使用這種表達方式呢?」宅憤青聲音微弱的問道。這下宅憤青似乎是佔了下風了。

「看來你還是不懂呀! 好吧! 讓我換一種方式來解釋好了! 我承認『讓贊成、反對反種族歧視法的各種立場有同等表達意見的機會』及『有說出仇恨言論的言論自由』都可以是反種族歧視法得到合法性的先決條件。」阿曼達回應道：「可是仇恨言論顯然會傷害他人，所以我們當然要避免使用仇恨言論啊!」

「……」宅憤青此時啞口無言了。

「所以我們可以結論如下：由於反對反種族歧視法的張三，所想要訴諸的表達方式（即仇恨言論）顯然會傷害他人，而且張三顯然又可以訴諸其他非仇恨言論的方式來表達其立場，而並不會因此使得反種族歧視法失去合法性。」阿曼達繼續得意的說道：「在此情況下，我們當然就有合理理由要求張三，使用非仇恨言論來表達其立場了。不是嗎?」

「……」宅憤青此時還是沉默不語。

「看來你還是不認輸呀!」看到宅憤青還是拒不投降，阿曼達此時又補上一槍：「張三明明可以藉由非仇恨言論的其他方式來表達立場，而非仇恨言論的其他方式顯然可以有無限多種。若是如此，為何張三還是要單戀『仇恨言論』這一枝花，非它不可呢?」

此時空氣頓時凝結了!宅憤青一時間實在想不出什麼好理由來反駁阿曼達。

****

「喔!我想妳誤解了我的論證的重點了!」約莫過了兩分鐘，宅憤青突然回過神來了，於是趕緊抗議道：「重點應該是『贊成、反對反種族歧視法的各種立場，是否有同等表達意見的機會』，而不僅僅是『贊成、反對反種族歧視法的各種立場是否有表達意見的機會』而已!禁止仇恨言論雖然使得張

三仍然有<u>表達意見的機會</u>，可是卻使得張三失去了<u>同等表達意見的機會</u>，所以這會使得反種族歧視法無法得到合法性。」

「啊！什麼意思呢？能不能再解釋一下呢？」阿曼達不解的問道。

「是呀！你的意思是什麼呢？」卡洛琳此時突然上線，並加入了戰局。

「在沒有禁止仇恨言論之前，贊成反種族歧視法的李四，及反對反種族歧視法的張三，都可以用他們各自想要使用的表達方式來表達立場（這當然包括了張三想要使用的仇恨言論在內），並沒有任何限制。所以贊成、反對反種族歧視法的各種立場都有<u>同等表達意見的機會</u>。Am I right?」宅憤青問道。

「Yes. So what?」阿曼達問道。

「如果禁止了仇恨言論，對李四並沒有影響，然而卻顯然會使得張三減少了一個表達意見的方式（即使用『仇恨言論』此一表達方式），所以贊成、反對反種族歧視法的各種立場，顯然就沒有<u>同等表達意見的機會</u>。不是嗎？」宅憤青問道。

「喔！你錯了。看來這是單純的數學問題啊！讓我重新算一次給你看吧！」卡洛琳此時跳出來回應，並胸有成竹的說：「你瞧！在禁止仇恨言論的情況下，反對反種族歧視法的張三，可以訴諸的表達方式雖然是$\infty-1$ 種，可是$\infty-1=\infty$。另一方面，贊成反種族歧視法的李四，可以訴諸的表達方式

並不受影響，仍然是∞種。所以張三和李四可以訴諸的表達
方式同樣都是∞種，不是嗎？」

「咦！怎麼會這樣？」宅憤青不解的問道。

「換言之，禁止仇恨言論不僅使得張三仍然有表達意見
的機會，而且也會使得張三仍然有同等表達意見的機會。所
以禁止仇恨言論，並不會使得反種族歧視法無法得到合法
性。」卡洛琳繼續滔滔不絕的說道：「換句話說，反對反種族
歧視法的張三不一定要訴諸仇恨言論，因為訴諸非仇恨言論
的其他方式，同樣可以使得張三有同等表達意見的機會。所
以還是那句老話：非仇恨言論的其他方式可以有無限多種，
為何張三還是要單戀『仇恨言論』這一枝花，非它不可呢？」

「卡洛琳說得太好了！」阿曼達在一旁附和道。

此時宅憤青陷入了沉思之中。

「咦！為什麼要像妳剛才一樣的算法呢？」約莫過了兩分
鐘，宅憤青終於開口問道：「讓我再算一次給妳看吧！在禁止
仇恨言論的情況下，反對反種族歧視法的張三，可以訴諸的
表達方式是∞–1種，可是贊成反種族歧視法的李四，可以訴
諸的表達方式卻不受影響，仍然是∞種。而∞–1顯然並不等
於∞，不是嗎？所以，相較於贊成反種族歧視法的李四，『禁
止仇恨言論』顯然會使得張三減少了一個表達意見的方式
啊！」

「咦！這是怎麼回事？到底哪一種算法才對呢？」阿曼達
及卡洛琳問道：「而且我們辯論的問題，什麼時候開始竟然變

成了數學問題，而不是哲學問題呢？」

此時只見宅憤青聳聳肩，不知如何回答。

三人的辯論竟然就僵持在這裡，動彈不得了。

宅憤青、阿曼達和卡洛琳的這次辯論，究竟誰才贏得了勝利呢？

****

「看來這場辯論究竟鹿死誰手，還未可知啊！」此時宅憤青終於打破沉默，並說道：「現在注意了，我可要使出殺手鐧了！」

「好啊，儘管放馬過來吧！」阿曼達回應道。

「我承認仇恨言論（或網路霸凌言論）的確傷害了他人。」宅憤青說：「可是妳們可曾想過下列問題：仇恨言論（或網路霸凌言論）為何會傷害他人呢？」

「這算什麼問題？」卡洛琳抗議道：「仇恨言論（或網路霸凌言論）之所以會傷害他人，原因當然是說話者以某人或某特定族群為攻擊對象，並藉由言論來傷害、貶抑、嘲諷某人或某特定族群。這不就回答了你的問題了嗎？」

「說得真好！不過問題恐怕沒有這麼簡單啊！」宅憤青問道：「一朵美麗的薔薇綻放在深山中，可是從來就沒有人知覺到它的存在，請問這朵薔薇還是美麗的嗎？」

「我看不出你的問題和我們的討論有什麼關聯！」阿曼達

抗議道：「不過，為了讓你心服口服，我就姑且回答你的問題吧！這朵薔薇當然不能說是美麗的，因為只有當有人知覺到它，它才能是美麗的！」

「太好了，這正是我要的答案啊！」宅憤青高興的說道：「我想同理可證：如果沒有聽者，仇恨言論（或網路霸凌言論）當然不會傷害他人，不是嗎？」

「咦？這其中必定有詐……」此時卡洛琳已隱約察覺到宅憤青葫蘆裡要賣什麼藥了。

「所以我們可以這樣說，」不等阿曼達及卡洛琳回應，宅憤青繼續說道：「我承認仇恨言論（或網路霸凌言論）的確會傷害他人，可是在『仇恨言論』及『他人受到傷害』之間，必定存在著『聽者的心靈作用』；換言之，仇恨言論的傷害其實是『聽者的心靈作用』而起，不是嗎？」

「所以呢？」雖然卡洛琳已隱約察覺宅憤青的伎倆，然而阿曼達還是看不出宅憤青葫蘆裡要賣什麼藥，所以繼續追問道。

「這表示仇恨言論的說話者，並不需為仇恨言論的傷害負責，只有仇恨言論的聽者，才要為傷害負責，不是嗎？」宅憤青說道。

「啊，怎麼會這樣？」此時阿曼達大夢初醒，並大叫道。

「所以你的意思是不是：受害者（聽者），一方面受到傷害，一方面還要為傷害負責？」卡洛琳冷冷的追問道：「這就是你所說的殺手鐧？」

「正是如此!」宅憤青回應道:「言語本身不會傷人，只有石頭才會傷人。只有當仇恨言論的受害者（聽者），決定要被仇恨言論所傷害，此時仇恨言論才會傷人，不是嗎?」

「這實在是我所聽過最離譜的主張了! 這太不具說服力了!」卡洛琳說道。

「是的，這個主張真是太離譜了!」阿曼達附和道:「這算什麼邏輯?」

「請問我的推論有什麼問題呢?」宅憤青不服氣的追問。

三個人關於仇恨言論的辯論，最後以不歡而散收場。

如上一章所述，范伯格的「冒犯原則」會得出下列結果:美國的新納粹主義份子到猶太社區思果奇 (Skokie) 抗議。然而由於猶太人可以合理避開該反猶太言論，因此我們並沒有充分理由限制新納粹主義份子的反猶太言論。宅憤青因而認為我們並沒有充分理由限制仇恨言論，可是阿曼達及卡洛琳還是認為我們應該限制仇恨言論。

事實上，除了范伯格的上述主張外，德渥肯也提出了「合法性論證」(the legitimacy argument)，來支持「我們沒有充分理由限制仇恨言論」此一結論。「合法性論證」如下:民主政治不僅要求每個人都有投票權，而且也要求每個人都可以對於任何議題擁有發言權。當一個人表達出自己的態度、意見、

疑慮、嗜好、偏見或理想時，他不僅希望能影響他人，而且也希望藉此確認自己是一個負責任的個體，而絕不是遭到多數意見霸凌的犧牲者。在民主社會中，除非每個人對於自己的態度、意見、疑慮、嗜好、偏見或理想都有同等表達的機會，否則對於被禁止表達意見的人而言，大多數人的決定就是不公平的。

我們可以把德渥肯的「合法性論證」整理如下：

1. 只有當我們讓贊成、反對政策、法律的各種立場有同等表達意見的機會，此時政策、法律才會得到合法性。

2. 只有當我們允許包括仇恨言論在內的言論有表達出來的自由，此時贊成、反對政策、法律的各種立場才能有同等表達意見的機會。

3. 反種族歧視法應該得到合法性。

因此，我們應該允許仇恨言論。

由上述前提 1 及前提 2，可得到「只有當我們允許包括仇恨言論在內的言論有表達出來的自由，此時反種族歧視法才能得到合法性」此一結論。換言之，德渥肯認為反種族歧視法要得到合法性的先決條件，即在於我們必須有說出仇恨言論的言論自由。

然而德渥肯的「合法性論證」，並不為許多哲學家所接受。例如當代政治哲學家瓦爾準 (Jeremy Waldron) 即主張：只要反對反種族歧視法的人們，可以訴諸非仇恨言論的其他方式來表達其立場，那麼「禁止仇恨言論」就不會使得反種

族歧視法失去合法性；由於反對反種族歧視法的人們，總是可以訴諸非仇恨言論的其他方式來表達其立場，因此德渥肯的「禁止仇恨言論，會使得反種族歧視法失去合法性」此一主張當然就無法成立。

瓦爾準的言下之意似乎如下：「我們有說出仇恨言論的言論自由」，可以是反種族歧視法得到合法性的先決條件，也可以不用是反種族歧視法得到合法性的先決條件。然而值得注意的是：除了「我們有說出仇恨言論的言論自由」之外，瓦爾準也並未明確指出，反種族歧視法得到合法性的先決條件究竟為何。對此，筆者認為我們應該可以相信，瓦爾準也會同意德渥肯的「合法性論證」的前提 1，即認為「贊成、反對政策、法律的各種立場都有同等表達意見的機會」，正是政策、法律得到合法性的先決條件才是。

若是如此，則我們就可以把瓦爾準的主張整理如下：為了使得反種族歧視法得到合法性，我們需要使得贊成、反對反種族歧視法的各種立場有同等表達意見的機會。為此，反對反種族歧視法的人們不一定要訴諸仇恨言論，因為訴諸非仇恨言論的其他方式，同樣可以有同等表達意見的機會。換言之，瓦爾準認為德渥肯由於混淆了「我們有說出仇恨言論的言論自由」，及「我們要讓贊成、反對反種族歧視法的各種立場有同等表達意見的機會」兩者的差別，因此才會誤以為前者才是反種族歧視法得到合法性的先決條件──依瓦爾準之見，後者似乎才是反種族歧視法得到合法性的先決條件，

而非前者。

然而瓦爾準的主張有模糊之處。他的主張似乎可以是下列兩者之一：

1.瓦爾準似乎認為：只有「我們要讓贊成、反對反種族歧視法的各種立場有同等表達意見的機會」，才可以是反種族歧視法得到合法性的先決條件，至於「我們有說出仇恨言論的言論自由」則否。

2.瓦爾準似乎認為：為了讓反種族歧視法得到合法性，我們至少有「讓贊成、反對反種族歧視法的各種立場有同等表達意見的機會」，及「有說出仇恨言論的言論自由」這兩種方法。可是他堅持我們最好只用前者，而不要用後者。

哪一個才是瓦爾準的主張呢？對此，瓦爾準曾指出：只要反對反種族歧視法的人們，所想要訴諸的表達方式（即仇恨言論）會傷害他人，而且反對反種族歧視法的人們，可以訴諸其他非仇恨言論的方式來表達其立場，而並不會因此使得反種族歧視法失去合法性，在此情況下，我們就有合理理由要求他們使用非仇恨言論來表達其立場。

瓦爾準言下之意似乎是認為：「讓贊成、反對反種族歧視法的各種立場有同等表達意見的機會」，及「有說出仇恨言論的言論自由」都是反種族歧視法得到合法性的先決條件，不過由於後者會傷害他人，因此我們最好只使用前者。可見瓦爾準的意思是 2。

如此一來，我們就可以把瓦爾準的主張寫成下列論證，

並稱之為「反合法性論證」(anti-legitimacy argument)：

　1.只有當我們讓贊成、反對政策、法律的各種立場有同等表達意見的機會，此時政策、法律才會得到合法性。

　2.反種族歧視法應該得到合法性。

　3.「我們有說出仇恨言論的言論自由」，及「我們要讓贊成、反對反種族歧視法的各種立場有同等表達意見的機會」兩者是不同的。

　　因此，我們應該讓贊成、反對反種族歧視法的各種立場有同等表達意見的機會；可是這並不表示我們應該有說出仇恨言論的言論自由。

　　在本章中，宅憤青的主張即是德渥肯的主張，而阿曼達的主張即是瓦爾準的主張。

　　由上述討論可見德渥肯及瓦爾準爭執的焦點，在於德渥肯的「合法性論證」的前提 2，即：

　　　　只有當我們允許包括仇恨言論在內的言論有表達出來的自由，此時贊成、反對政策、法律的各種立場才能有同等表達意見的機會。

　　現在我們要追問，德渥肯的「合法性論證」的前提 2 是否成立。我們要問：「不允許仇恨言論」，是否會使得贊成、反對政策、法律的各種立場失去同等表達意見的機會？對此問題，德渥肯的答案是肯定的，而瓦爾準的答案則是否定的。

　　現在讓我們以下列思想實驗來檢驗德渥肯及瓦爾準的答案，以便探討何者言之成理。想像某個社會正在討論反種族

歧視法是否應立法通過，而社會中則有「贊成反種族歧視法」及「反對反種族歧視法」兩大陣營。贊成反種族歧視法的可能理由至少如下：

1a. 種族歧視會侵害少數民族的平等權。

2a. 少數民族並不是低等人類（仇恨言論的否定，這並不是仇恨言論）。

而反對反種族歧視法的可能理由則可以如下：

1b. 我們有說出包括仇恨言論在內的言論自由。

2b. 少數民族是低等人類（仇恨言論）。

現在想像李四贊成反種族歧視法，而張三反對反種族歧視法。而且 1a、2a 及 1b、2b 各是李四、張三想要採用的理由。在此情況下，由德渥肯的「合法性論證」，可知德渥肯應會主張如下：

一、如果允許仇恨言論，則贊成反種族歧視法的李四，可以訴諸他想要採用的 1a、2a 來支持其立場；而反對反種族歧視法的張三，則可以訴諸他想要採用的 1b、2b 來支持其立場。在此情況下，贊成反種族歧視法的李四，及反對反種族歧視法的張三顯然都有同等表達意見的機會，因此對兩造都公平。

二、相較之下，如果不允許仇恨言論，則贊成反種族歧視法的李四，還是可以訴諸他想要採用的 1a、2a 來支持其立場（因為 2a 並不是仇恨言論），可是反對反種族歧視法的張三，就只能訴諸 1b 來支持其立場（因為 2b 是仇恨言論）——

在此情況下，相較於贊成反種族歧視法的李四，反對反種族歧視法的張三，顯然就沒有同等表達意見的機會，因為他已經被剝奪了他想要採用的 2b 此一表達意見的方式，因此對張三並不公平。

　　其次，讓我們來看看瓦爾準會如何看待上述思想實驗。由瓦爾準的「反合法性論證」，可知瓦爾準應會主張如下：如果不允許仇恨言論，則反對反種族歧視法的張三，雖然不能訴諸他想要採用的 2b 來支持其立場（因為 2b 是仇恨言論），可是他總是有其他替代的、非仇恨言論的表達方式來代替 2b（讓我們稱此一替代的、非仇恨言論的表達方式為 2b'）。在此情況下，相較於贊成反種族歧視法的李四，反對反種族歧視法的張三，還是有同等表達意見的機會（因為他總是可以訴諸 2b' 來表達其立場），因此對張三和李四都一樣公平。

　　由上述討論，可知問題的癥結在於：瓦爾準的「反合法性論證」中的「同等表達意見的機會」，似乎與德渥肯的「合法性論證」中的「同等表達意見的機會」一詞的意義並不相同。我們似乎可以把「同等表達意見的機會」這個詞分成下列兩個意義：

　　　　「強意義的同等表達意見的機會」：一個人有同等表達意見的機會，當且僅當他總是可以訴諸他想要的表達方式來說出他的意見。

　　　　「弱意義的同等表達意見的機會」：一個人有同等表達意見的機會，當且僅當他雖然無法用他想要的表達方

式來說出他的意見，然而他總是可以訴諸其他替代的表達方式，來代替他想要的表達方式。

現在讓我們看看德渥肯和瓦爾準，各會採取哪個意義的「同等表達意見的機會」。由於瓦爾準一方面主張「不允許仇恨言論」，另一方面又主張要讓贊成、反對反種族歧視法的各種立場有同等表達意見的機會，因此他勢必要主張：「不允許仇恨言論」，並不會損及贊成、反對反種族歧視法的各種立場有同等表達意見的機會。為此，筆者認為採取「弱意義的同等表達意見的機會」應是瓦爾準的選擇，因為依「弱意義的同等表達意見的機會」，只要一個人總是可以訴諸其他表達方式來說出他的意見，他就等於有同等表達意見的機會。至於這些表達方式是否是他想要的表達方式，則並不重要。因此，「不允許仇恨言論」，並不會損及贊成、反對反種族歧視法的各種立場有同等表達意見的機會——他們總是可以訴諸其他表達方式來說出自己的意見，並不一定需要訴諸仇恨言論。

另一方面，德渥肯想必會主張：「不允許仇恨言論」，會損及贊成、反對反種族歧視法的各種立場有同等表達意見的機會。為此，筆者認為採取「強意義的同等表達意見的機會」應是德渥肯的選擇，因為仇恨言論顯然是反對反種族歧視法的人們想要訴諸的表達方式，而依「強意義的同等表達意見的機會」，只要一個人不被允許使用他想要的表達方式（例如仇恨言論）來表達其立場，那麼他就等於沒有同等表達意見的機會。

　　若是如此，則德渥肯及瓦爾準的主張誰才言之成理呢？為此，我們可首先追問：

　　一、訴諸 2b 此一仇恨言論，是不是張三反對反種族歧視法時不可或缺的表達意見方式？

　　由上述討論，我們可合理推斷瓦爾準應會認為此一問題的答案是否定的，理由如下：為了反對仇恨言論，瓦爾準會採取「弱意義的同等表達意見的機會」，並主張：「不允許仇恨言論」，並不會損及張三同等表達意見的機會，因為張三總是可以有替代的、非仇恨言論的表達方式 2b′ 來代替 2b。這表示「訴諸 2b 此一仇恨言論」，並不是張三反對反種族歧視法時不可或缺的表達意見方式。

　　然而德渥肯想必會認為此一問題的答案是肯定的，因為他想必會堅持：只要反對反種族歧視法的張三，想要訴諸 2b 此一仇恨言論來表達其意見，則對於張三而言，2b 就是不可或缺的表達意見方式。

　　乍看之下，德渥肯的回答並不具說服力，因為我們大可追問：為何「張三想要訴諸 2b 此一仇恨言論來表達其意見」，竟具有煉金術般的本事，可以使得 2b 此一仇恨言論，變成不可或缺的表達意見方式？如果張三總是可以有替代的、非仇恨言論的表達方式 2b′ 來代替 2b，那麼何以 2b 還會是張三反對反種族歧視法時，不可或缺的表達意見方式？

　　然而這並不表示瓦爾準的回答就因此自動言之成理，因為瓦爾準的「弱意義的同等表達意見的機會」背後似乎假設：

張三總是可以有替代的、非仇恨言論的表達方式 2b'
來代替 2b 此一仇恨言論。

筆者認為這個假設也需要進一步探討。我們可追問：

二、反對反種族歧視法的張三，是否總是可以有替代的、
非仇恨言論的表達方式 2b' 來代替 2b 此一仇恨言論？

由上述討論，可知瓦爾準應會認為此一問題的答案是肯
定的，因為他想必會主張：張三不一定要訴諸 2b 來表達其反
對意見——張三大可以訴諸其他非仇恨言論 2b' 來表達其意
見。若是如此，則何以張三還是要堅持用 2b 此一仇恨言論來
表達反對意見呢？

現在讓我們來看看瓦爾準的上述回答，會對德渥肯的主
張具有什麼殺傷力。如果瓦爾準的上述回答成立，則德渥肯
的「強意義的同等表達意見的機會」就似乎說不通了，因為
如果反對反種族歧視法的張三，竟然可以用其他非仇恨言論
來表達仇恨言論，則「不允許仇恨言論」，似乎並不會損及張
三同等表達意見的機會（因為張三總是可以有 2b' 來代替
2b）；若是如此，則德渥肯就不能以「捍衛一個人有同等表達
意見的機會」為理由來支持仇恨言論了。為了明瞭何以如此，
讓我們再以張三和李四為例說明如下：

如果不允許 2b 此一仇恨言論，則

1.反對反種族歧視法的張三，其表達意見的機會：∞減
去 1（2b 此一仇恨言論）＋其他替代的表達方式（2b' 此一非
仇恨言論）

2.贊成反種族歧視法的李四，其表達意見的機會：∞

由上可見：即使不允許 2b 此一仇恨言論，然而李四和張三顯然都還是有同等表達意見的機會。可見問題二中的「張三是否總是可以有替代的、非仇恨言論的表達方式 2b′ 來代替 2b 此一仇恨言論」，其實正是德渥肯的主張是否成立的關鍵：只有當問題二的答案是否定的，此時德渥肯才能主張：訴諸 2b 此一仇恨言論，是張三反對反種族歧視法時不可或缺的表達意見方式，因為不可能存在著任何非仇恨言論 2b′，可以用來代替 2b 此一仇恨言論。

由於宅憤青、阿曼達、卡洛琳在這一章的辯論陷入膠著狀態，因此宅憤青最後使出了「心靈中介說」(the thesis of mental intermediation) 此一必殺技。許多自由主義者訴諸「心靈中介說」來主張政府沒有合理理由限制仇恨言論。筆者認為自由主義者甚至可以訴諸「心靈中介說」，來主張政府沒有合理理由限制（例如）網路霸凌言論。

「心靈中介說」的主張如下：(i) 即使仇恨言論（或網路霸凌言論）傷害了他人，然而在「說話者的仇恨言論」及「他人受到傷害」之間，必定存在著「聽者的思想」或「聽者的心靈作用」；(ii) 由於仇恨言論的傷害是「聽者的思想」或「聽者的心靈作用」而起，因此仇恨言論的說話者並不需為此負責；(iii) 如果我們主張政府可以限制仇恨言論，就等於主張仇恨言論的說話者必須完全為仇恨言論所造成的傷害負完全的責任；然而由 (ii) 可知這並不成立；因此，政府不能以「仇

恨言論傷害他人」為理由而限制仇恨言論。

我們可以把自由主義者反對限制仇恨言論的論證整理如
下：

1.仇恨言論所造成的傷害，並沒有內建於仇恨言論之中，
而是由於「聽者的心靈中介」使然（「心靈中介說」）；

2.「說話者說出仇恨言論」及「聽者的心靈中介」，可分
別由說話者及聽者所掌控：說話者所能掌控的是「是否說出
仇恨言論」，而聽者所能掌控的則是「是否讓仇恨言論在心靈
中產生作用」，即「聽者的心靈中介」；

3.如果 A 掌控了仇恨言論造成傷害的關鍵因素，則 A 就
必須為傷害負完全責任；

4.政府有合理理由限制仇恨言論，當且僅當，只有仇恨
言論的說話者必須為仇恨言論所造成的傷害負完全責任，而
聽者則不需負任何責任；

5.仇恨言論造成傷害；

因此，政府沒有合理理由限制仇恨言論。

此外，我們也可以定義「心靈中介的言論」(mentally
mediated speech) 如下：

> 言論 S 是「心靈中介的言論」，當且僅當，言論 S 的聽
> 者 (i) 理性評價言論 S，(ii) 並在理性判斷下相信言論
> S、判斷言論 S 為真，而且因為言論 S 而改變其偏好
> 或慾望。

相較之下，「非心靈中介的言論」則是指言論 S 的聽者，在缺

乏理性判斷下相信言論 S 為真，並因為言論 S 而改變其偏好或慾望。

筆者認為（例如）洗腦言論、在擁擠的戲院內大叫「失火了」，或在饑餓的民眾前宣稱糧食商囤積糧食，即是「非心靈中介的言論」。此外，毀謗言論因為使得聽者在缺乏理性判斷下相信言論 S 為真，因此也是「非心靈中介的言論」。

許多自由主義者主張：只要言論是「心靈中介的言論」，則政府就沒有合理理由限制它；換言之，「心靈中介的言論」受言論自由保護；只有當言論不是「心靈中介的言論」，此時政府才可能有合理理由限制它。由於仇恨言論（或網路霸凌言論）是「心靈中介的言論」，因此自由主義者主張，政府沒有合理理由限制仇恨言論（或網路霸凌言論）。

「心靈中介說」曾引發了許多哲學爭論，它究竟是否言之成理，目前尚無定論，對此，筆者希望讀者可以自行深入思考。

第八章
我思故我賣

主題：智慧財產權與自然權利論證

故事主角：羅斯（宅憤青的死黨）、莉莉（宅憤青的女友）

故事：莉莉是數學系的高材生，撰寫了一個非常實用的看片軟體。羅
　　　斯常使用莉莉寫的看片軟體看電影，並把軟體放在部落格裡供
　　　人下載。不過莉莉卻非常不高興！她覺得羅斯侵犯了她的智慧
　　　財產權。不過羅斯卻認為好的軟體應該為全人類所共享，既不
　　　應為私人所壟斷，更不能被當作私人財產。於是羅斯就和莉莉
　　　展開了一場激辯……

「你在幹什麼好事？羅斯！」莉莉歇斯底里的大叫道。

「喔……我在……看……A片啊！」被莉莉的歇斯底里嚇到了，羅斯說話時突然變得吞吞吐吐起來。

「自從上次宅憤青、老蘇、阿曼達和卡洛琳四個人，辯論 A 片的問題之後，我以為妳對於看 A 片一事就不會再大驚小怪了。不過看來我錯了！」羅斯說道。

「不，你誤會了！看 A 片是你的自由，而且我承認你也有墮落的自由。畢竟道不同，不相為謀，我打算睜一眼閉一眼。」莉莉問道：「請問你是用什麼軟體看 A 片？」

「喔！早說嘛！」羅斯總算鬆了一口氣，並回答道：「這是妳在上學期資訊概論課堂上寫的看片軟體啊！妳忘了嗎？寫得真好呀！」

「喔……它好在那裡呢？」莉莉問道。

「這個軟體是一個能把很多影片格式，轉檔為其他格式的萬能軟體。它不僅支援很多影片格式的播放，而且還有直接剪輯、合併等好功能，另外還有影片截圖、修復與轉檔等功能，也支援處理 MPG、VCD、DVD 影片格式！天啊，太棒了！」羅斯滔滔不絕的說道。

「OK，讓我們言歸正傳。」沉浸在羅斯的讚美所引起的短暫喜悅後，莉莉收起了笑臉，並追問道：「既然你明明知道這是我寫的軟體，請問你在使用之前有先徵得我的同意嗎？」

「啊？為什麼要先徵得妳的同意呢？」羅斯不解的問道。

「嘿，你怎麼這麼不講道理？你難道不知道有『智慧財

產權』這回事嗎?」莉莉轉而暴怒起來了。「這是我寫的軟體，所以你在使用之前當然要先徵得我的同意呀! 換言之，我對這個軟體擁有智慧財產權!」莉莉抗議道。

「OK，請息怒。讓我們理性討論吧!」羅斯說道:「恕我直言。我發現妳的推論中有一個巨大的邏輯鴻溝呀!」

「此話怎講?」莉莉不服氣的追問道。

「妳剛才說『這是我寫的軟體，所以別人在使用之前當然要先徵得我的同意』。」羅斯說道:「可是『X 寫出軟體』（讓我們稱此為語句 A）是一事，而『Y 在使用軟體之前要先徵得 X 的同意』（讓我們稱此為語句 B）則是另一事。請問妳是怎麼從語句 A 推論出語句 B 呢?」

「你可真會吹毛求疵啊!」莉莉又生氣起來了，並回應道:「我的邏輯雖然學得沒有你好，可是我畢竟還是有基本概念呀! 為了讓你無話可說，讓我把剛才的推論寫成邏輯推論式吧!」

說時遲那時快，只見莉莉突然拿出平板電腦，望著天空思索了一下，並寫下下列邏輯推論式:

> 前提 1. X 寫出軟體 S；（語句 A）
>
> 因此，Y 在使用軟體 S 之前要先徵得 X 的同意。（語句 B）

「咦? 誠如羅斯所言，語句 A 和語句 B 之間真的存在著

巨大的邏輯鴻溝呀！這可怎麼辦才好？要不要趕快向宅憤青求救呢？」莉莉內心嘀咕著，隨即又陷入了沉思之中。過了一會兒，她終於寫下了下列這個完整的邏輯推論式：

前提 1. X 寫出軟體 S；（語句 A）

前提 2. 只要 X 寫出軟體 S，則 X 就對軟體 S 擁有所有權；

前提 3. 只要 X 對軟體 S 擁有所有權，則 Y 在使用軟體 S 之前，就要先徵得 X 的同意；

因此，Y 在使用軟體 S 之前要先徵得 X 的同意。（語句 B）

「怎樣，你說的巨大邏輯鴻溝已經被我填補起來了，這下你應該滿意了吧！」此時，只見莉莉得意洋洋，並冷嘲熱諷的回應道。

****

「哇！妳的確成功的用前提 2 及前提 3，把語句 A 和語句 B 之間的巨大邏輯鴻溝填補起來了，真是太棒了！」羅斯說道：「這樣一來，我們就可以進一步檢驗前提 2 及前提 3 是否言之成理了。」

「好啊！放馬過來吧！」莉莉胸有成竹的回應道。她心

想：前提 2 及前提 3 難道會有問題嗎？

「讓我們先修改一下前提 2 及前提 3 吧!」羅斯說道：「我認為前提 2 及前提 3 的內容稍微狹隘了些，因為它們只牽涉到軟體的研發，而並沒有包含人類的其他重要心智創造活動在內，例如發明機器、發現（或發明）科學定律、創作歌曲、小說，以及撰寫文章、軟體等等。」

「所以你可有任何高見?」莉莉問道。

「如果妳不反對，就讓我們把前提 2 修改如下：只要 X 創造出 S，則 X 就對 S 擁有所有權。至於前提 3 則修改如下：只要 X 對 S 擁有所有權，則 Y 在使用 S 之前，就要先徵得 X 的同意。好嗎?」羅斯問道。

「我看不出這樣修改有何不妥。」雖然懷疑這可能是羅斯所精心設下的第一個陷阱，不過莉莉還是決定暫時觀望，並不疾不徐的回應道。

接著羅斯便在平板電腦上寫下下列邏輯推論：

前提 1. X 創造出 S；（語句 A）

前提 2. 只要 X 創造出 S，則 X 就對 S 擁有所有權；

前提 3. 只要 X 對 S 擁有所有權，則 Y 在使用 S 之前，就要先徵得 X 的同意；

因此，Y 在使用 S 之前要先徵得 X 的同意。（語句 B）

「怎樣，這樣修改應該沒有問題吧?」羅斯問道。

「OK!」莉莉回應道。

「可是如此一來，問題就出現了。」羅斯說：「讓我們先討論前提 3。為什麼從『X 對 S 擁有所有權』此一語句，可以理所當然的推論出『Y 在使用 S 之前，要先徵得 X 的同意』此一語句呢？」

「嘿！這不是自明的真理嗎?」莉莉回應道：「讓我們舉例說明吧：這一臺平板電腦是我的，難道你在使用它之前，不需事先徵得我的同意嗎？」

「喔！請等等！前提 3 絕不是自明的真理，因為它不見得成立。」羅斯說道：「例如國家公園 (S) 為政府 (X) 所擁有，可是我們 (Y) 在使用國家公園內的設施時，並不需事先徵得政府同意。」

「我覺得你在顛倒是非！」莉莉回應道：「至少我們可以這樣說：在大多數情況下，其他人必須尊重我對 S 的所有權，而且所有權常常和使用權互相掛鉤——如果我對 S 擁有所有權，則我就理所當然擁有 S 的使用權；除非我同意，否則別人就沒有 S 的使用權。這你應該無法否認吧!」

「好吧！讓我們姑且同意前提 3 言之成理吧！不過問題還沒結束呢!」不知為何，羅斯突然決定讓步，並繼續說道：「現在讓我們把焦點放在前提 2。請問為什麼從『X 創造出 S』此一語句，可以理所當然的推論出『X 對 S 擁有所有權』此一語句呢？」

「這很容易理解呀!」莉莉回應道：「如果沒有 X，請問

S 還會存在嗎？換言之，由於 S 的生命或存在完全是 X 所賦予，所以 X 當然擁有 S 的所有權啊！」

「喔！『X 創造出 S』可不見得能理所當然的推論出『X 對 S 擁有所有權』呀！」羅斯說：「例如父母 (X) 創造出小孩 (S)，可是父母卻不對小孩擁有所有權！這妳又該如何回應？」

「這不公平！你曲解了整件事情！因為人類和軟體不能類比呀！」莉莉抗議道：「『X 創造出 S』和『父母創造出小孩』根本不能相提並論！」

「為何人類和軟體不能類比？『X 創造出 S』又是什麼意思？願聞其詳。」羅斯問道。

****

「我們在這裡談論的是人類心智活動所創造的產物，而不是生殖活動！」莉莉說道：「因為創造出 S 的 X 付出了心力或勞力，所以 S 才會存在；在這裡，『X 的心力或勞力』（人類心智活動）是問題的關鍵！請不要把人類心智活動和生殖混為一談！」

這時只見羅斯直瞪著莉莉，不發一語。

「好吧！看來你還是不懂。讓我們舉 17 世紀英國哲學家洛克 (John Locke) 的主張為例吧！」說著說著，只見莉莉在平板電腦中找出洛克的下列這段話：

> 　　土地和一切低等動物為一切人所共有，但是每人對他自己的人身享有所有權，除他以外任何人都沒有這種權利。他的身體所從事的勞動和他的雙手所進行的工作，我們可以說，是正當地屬於他的。所以只要他使任何東西脫離自然所提供的狀態，他就已經攙入他的勞動，在這上面攙入他自己所有的某些東西，因而使它成為他的財產……既然勞動是勞動者無可爭議的所有物，那麼對於這一有所增益的東西，除他以外就沒有人能夠享有權利，至少還留有足夠同樣好的東西給其他人所共有的情況下，事情就是如此。

　　「讓我們來分析一下洛克的這段話吧！」不等羅斯回應，莉莉繼續說：「你最喜歡論證了！既然如此，那麼我們就把洛克的上面這段話寫成論證吧！」

　　這時只見莉莉在平板電腦上寫下這個論證：

> 1. X 對他自己的身體擁有所有權；
> 2. X 的身體所從事的勞動，屬於 X 所擁有；
> 3. X 在 S 中攙入勞力，使得 S 從無到有；
> 　　因此，S 為 X 所擁有。

　　「我想這個論證的三個前提應該都沒有理由反對吧！」莉莉說：「讓我們以張三為例吧！首先，張三擁有自己的身體，

所以前提 1 成立；其次，張三的身體所產生的勞動可以視為張三身體的延伸，而既然張三的身體又是張三所擁有，所以張三身體的勞動（即張三身體的延伸）當然也是張三所擁有，這是前提 2 之所以成立的理由；最後，既然 S 中攙入了張三的勞力，而勞力又是張三所擁有，所以 S 當然就為張三所擁有；這是前提 3 及結論成立的理由。」

這時只見羅斯還是直直的瞧著莉莉，不發一語。

「總而言之，」莉莉心想羅斯應該是無話可說了，因此繼續說道：「既然 X 的勞力為 X 所擁有，而 X 又在 S 中攙入勞力，使得 S 從無到有，那麼 S 當然就為 X 所擁有；換言之，如果 X 並未付出勞力，則 S 就不會存在。」

****

「我承認妳的論證的確很有說服力！」約莫過了一分鐘左右，羅斯終於開口說：「可惜妳的論證很有問題！」

「啊！哪裡有問題？」莉莉氣急敗壞的問道。這實在太出乎她的意料之外了。

「問題在從前提 3 到結論之間的推論呀！」羅斯說道：「為什麼當我在 S 中攙入屬於我的勞力，則 S 就理所當然為我所擁有？為什麼我的勞力竟然好像仙女棒一樣具有神奇的魔力，只要輕輕一點，就可以使得原本不屬於我的事物變成我的東西呢？」

「這……」莉莉一時間語塞，竟然說不出個所以然來。

「好吧！讓我們退一萬步思考，暫且承認我的勞力具有上述仙女棒的魔力，可以使得原本不屬於我的事物變成我的東西吧！」羅斯說道：「如果是這樣的話，那麼照理說，在 S 之中，只有我的勞力所攙入的部分（讓我們稱此部分為 S′）才理所當然為我所擁有呀！換句話說，我最多也只擁有 S′ 而已，而不是整個 S。」

「……」莉莉還是說不出話來。

約莫過了三分鐘左右，莉莉終於開口反擊了，並說道：「我承認如果 X 只有在 S′ 之中攙入勞力，則 X 最多也只擁有 S′ 而已，而不是整個 S。如果是這樣的話，那麼由於 X 擁有 S′，所以只有 X 才有權利藉由 S′ 而獲利，至於 X 之外的其他人則沒有這種權利。這你總不會反對吧?」

「所以妳的意思是：因為妳擁有看片軟體的所有權，所以只有妳有權利藉由它來獲利，是不是?」羅斯追問道。

「正是如此!」莉莉得意的說道。

「且慢!」羅斯大叫道：「為何由『X 對 S 擁有所有權』此一語句，可以理所當然的推論出『只有 X 才有權利藉由 S 而獲利』此一語句?」

「咦? 這又有何不對?」莉莉回應道。

「因為從『所有權』推論出『獲利權』的論證模式，很容易就可以找到反對的例子呀!」羅斯說：「讓我們舉例說明吧：張三 (X) 對自己的器官 (S) 擁有所有權，可是這並不能理

所當然的推論出『張三有權利藉由自己的器官 (S) 而獲利』
此一語句——恰恰相反！我們會說：雖然張三對自己的器官
擁有所有權，可是他卻不應販賣自己的器官！」

「……」莉莉又說不出話來了。

「而且更大的問題還在後頭呢！」不等莉莉回應，羅斯又
像連珠炮似的說道：「請問下面這個論證又有什麼不對呢？相
較於妳剛才的論證，下面這個論證難道不更言之成理嗎？」

說著說著，只見羅斯在平板電腦上寫下下列論證：

---

1. X 對他自己的身體擁有所有權；
2. X 的身體所從事的勞動，屬於 X 所擁有；
3. X 在 S 中攙入勞力，使得 S 從無到有；

　　因此，X 失去勞力。

「相較於從『X 在 S 中攙入勞力，使得 S 從無到有』此
一語句推論出『X 對 S 擁有所有權』此一語句，我們更應當
理所當然的從『X 在 S 中攙入勞力，使得 S 從無到有』此一
語句推論出『X 失去勞力』才是呀！」羅斯補充道。

「為什麼？」莉莉不服氣的問道。

「讓我們舉例說明吧！假設張三在大海中倒入一罐蕃茄
汁。我們就可由此理所當然的推論出『張三失去一罐蕃茄汁』
此一語句，不是嗎？」羅斯說：「換言之，從『張三 (X) 在大
海 (S) 中攙入一罐蕃茄汁（勞力）』此一語句，我們當然可以

更理所當然的推論出『張三 (X) 失去一罐蕃茄汁（勞力）』此一語句；相較之下，如果我們竟然推論出『張三 (X) 對大海 (S) 擁有所有權』，則顯然一點也不合理，不是嗎？」

這時只見莉莉面紅耳赤，再也說不出話來了。

在這一章中，羅斯和莉莉針對電腦軟體的智慧財產權問題展開了一場激辯。為了明白智慧財產權問題引起了那些哲學問題，讓我們首先從下列想像的案例開始。

假設有家規模不大的軟體公司 A 費時三年，投資 6000 萬元研發出一作業系統 X。於上市一年後，軟體公司 A 僅回收百分之 25 之研發成本。然而在此之後，軟體公司 A 之銷售即受影響。究其原因，在於另一軟體公司 B 參考了軟體公司 A 的作業系統 X，且新增了許多功能而發展出另一作業系統 X′；其結果，則是作業系統 X′ 竟青出於藍而勝於藍，其功能及銷售情況都贏過了軟體公司 A 的作業系統 X。在此情況下，軟體公司 A 根本無法即時回收其研發成本，更遑論開始獲利。最後軟體公司 A 竟以破產收場。

對此案例，我們應有何反應？主張智慧財產權應適用於電腦軟體者，想必會提出下列論證：

前提 1. 軟體公司 B 的作業系統 X′ 係參考軟體公司 A 之作業系統 X 而來，並由此而推出改良版。

前提 2.軟體公司 A 對作業系統 X 擁有智慧財產權。

因此，軟體公司 B 發展出作業系統 X′ 侵犯了軟體公司 A 的智慧財產權。

然而上述論證是否真能成立？筆者認為問題的癥結在於前提 2——我們大可以追問：

1.為何作業系統 X 是軟體公司 A 研發所得，因此軟體公司 A 即理所當然對作業系統 X 擁有所有權？

2.「研發行為」與「擁有所有權」之間之關聯為何？該等關聯之特性又為何？

凡此種種，皆為探討智慧財產權的哲學基礎之核心問題。

智慧財產權的自然權利論證

為了解釋「研發行為」與「擁有所有權」之間之關聯，並因而為電腦軟體之智慧財產權尋求合理的哲學基礎，訴諸英國哲學家洛克 (John Locke) 的「自然權利論證」(the natural rights argument) 是最常見、合理的方式。

洛克說：

> 土地和一切低等動物為一切人所共有，但是每人對他自己的人身享有所有權，除他以外任何人都沒有這種權利。他的身體所從事的勞動和他的雙手所進行的工作，我們可以說，是正當地屬於他的。所以只要他使任何東西脫離自然所提供的狀態，他就已經攙入他的勞動，在這上面攙入他自己所有的某些東西，因而使

　　　　它成為他的財產⋯⋯既然勞動是勞動者無可爭議的所
　　　　有物，那麼對於這一有所增益的東西，除他以外就沒
　　　　有人能夠享有權利，至少還留有足夠同樣好的東西給
　　　　其他人所共有的情況下，事情就是如此。

依「自然權利論證」，洛克認為在自然狀態下，我們擁有自己
的身體；而由於我們的勞力是自己身體之延伸，所以我們也
擁有自己的勞力；而由於我們又在事物中擳入勞力，所以我
們就擁有該事物的所有權。

　　讓我們舉例說明洛克的「自然權利論證」：在自然狀態
下，若某人 A 在某一土地上種以種子，並日日灌溉之，則土
地作物 x 即歸該人所有。由於作物 x 於灌溉前並不存在，故
A 可合理主張作物 x 是自己所有，並因此可有合理理由逐退
入侵者。

　　值得注意的是：洛克認為「A 主張作物 x 是自己所有」
此一主張要能成立，還必須滿足下列兩個條件：

　　1. A 佔有作物 x 必須留下足夠同樣好的東西給其他人。

　　2. A 佔有作物 x 必須不浪費 x。

讓我們稱上述兩個條件為「洛克的俱書」(the Lockean
provisos)，並稱第一個俱書為「不使他人受損俱書」(no loss
to others precondition)，而稱第二個俱書為「禁止浪費俱書」
(no spoilage precondition)。

　　由「自然權利論證」，我們可謂：在不違反「洛克的俱
書」的條件下，軟體研發者擁有其所研發軟體之所有權，因

為該軟體是軟體研發者的勞力所創造的產物。

然而「自然權利論證」是否真能為電腦軟體之智慧財產權提供合理基礎？筆者認為不見得如此，在此分三點說明：

一、諾齊克 (Robert Nozick) 曾指出：我們可想像一公平社會，於其中，我們於事物中攪入勞力，然而該事物卻不為我們所擁有。於一有「財產權」概念之社會中，我們於事物中攪入勞力，而他人奪之，此顯然並不公平；然而於一無「財產權」概念之社會中，他人奪取我們攪入勞力之事物，並無「不公平」問題。換言之，於一無「財產權」概念之社會中，我們於事物中攪入勞力，僅為創造、失去勞力而已，與事物之擁有可以無關。可見「在事物 A 中攪入勞力」，與「擁有事物 A 的所有權」之間並無必然關聯。

二、海丁格 (Edwin C. Hettinger)、瓦爾準 (Jeremy Waldron) 及佩瑞 (Geriant Perry) 等學者曾質疑道：如果攪入勞力後所得的發明其實是社會制度下的產物，則這就證明了「攪入勞力者完全擁有該事物之所有權」此一主張，其實並不合理。華頓也曾質疑道：「自然權利論證」中的「勞力攪入事物」一詞，其實不知所云。普魯東 (P. J. Proudhon) 也曾指出：如果勞力真的如此重要，則「在事物中第一次攪入勞力」，及「在事物中第二次攪入勞力」就應該同等重要才是。

三、我們也可以下列方式反對一個人對軟體擁有財產權：電腦軟體如一系列心靈活動 (mental steps)，而且每個人都可有此等心靈活動；因此，主張我們對軟體擁有財產權，實為

對思想自由之嚴重侵害。上述論證可表述如下：

前提 1.「思想自由」是我們的「自然權利」。

前提 2.主張我們對軟體擁有財產權，會侵害「思想自由」。

因此，主張我們對軟體擁有財產權，會侵害「自然權利」。

洛克的但書

除此之外，我們也可以從「洛克的但書」來進一步探討智慧財產權的哲學基礎。如上所述，讓我們把洛克的「自然權利論證」改寫如下：

在自然狀態下，若某人 A 在事物 x 中攪入勞力，則 x 即歸 A 所有，當且僅當下列兩個「洛克的但書」也同時獲得滿足：

1. A 佔有 x 必須留下足夠同樣好的東西給其他人；（「不使他人受損但書」，no loss to others precondition）

2. A 佔有 x 必須不浪費 x。（「禁止浪費但書」，no spoilage precondition）

現在讓我們把焦點放在「不使他人受損但書」上，並分別考慮「當 x 是一份食物」及「當 x 是電腦軟體」這兩種情況的差異。

讓我們首先考慮「當 x 是一份食物」的情況。依洛克的

「自然權利論證」，在自然狀態下，若某人 A 在食物 x 中攙入勞力，則食物 x 即歸 A 所有，當且僅當下列兩個「洛克的但書」也同時獲得滿足：

1. A 佔有食物 x 必須留下足夠同樣好的東西給其他人。

2. A 佔有食物 x 必須不浪費 x。

然而什麼時候上述兩個但書才算是獲得滿足？例如當樹林中有很多蘋果樹，樹上都有很多蘋果，而 A 只選擇其中一棵蘋果樹 x 及其上的蘋果，並在其上攙入勞力而據為己有。在此情況下：

1. 因為樹林中還有很多蘋果樹及蘋果，所以 A 佔有其中一棵蘋果樹 x，並沒有使得其他人因而無法享有蘋果（「不使他人受損但書」獲得滿足）。

2. 由於 A 只佔有其中一棵蘋果樹 x，所以並沒有獨佔樹林中所有蘋果樹，而使得蘋果因而腐爛（「禁止浪費但書」獲得滿足）。

所以依洛克的「自然權利論證」，A 可以合理主張擁有其中一棵蘋果樹 x 及其上的蘋果的所有權。

若是如此，則我們要問：為何另一人 B 佔有蘋果樹 x 是不合理的侵權行為，因此 A 有合理理由逐退他呢？筆者認為究其原因，應在於「洛克的但書」中的「不使他人受損但書」所致：如上所述，A 佔有蘋果樹 x 並沒有使得其他人（包括 B 在內）因而無法享有蘋果；在此情況下，B 可以在不佔有蘋果樹 x 的情況下享有蘋果，而卻選擇佔有蘋果樹 x，而使

得 A 無法享有原本可享有的蘋果樹及蘋果，所以 B 佔有蘋果樹 x 是不合理的侵權行為。

現在讓我們把焦點轉向「當 x 是電腦軟體」的情況。依洛克的「自然權利論證」，若某人 A 在電腦軟體 x 中攙入勞力，則電腦軟體 x 即歸 A 所有，當且僅當下列兩個「洛克的但書」也同時獲得滿足：

1. A 佔有電腦軟體 x 必須留下足夠同樣好的東西給其他人。

2. A 佔有電腦軟體 x 必須不浪費 x。

現在我們要問：在上述情況中，「洛克的但書」是否獲得滿足呢？由於電腦軟體是無形的事物，而且可以無限創造出來，所以我們會傾向於認為：在「電腦軟體的樹林」中，「A 佔有電腦軟體 x」此一行為總是可以留下足夠同樣好的東西給其他人（其他人只要自己創造出另一電腦軟體 y 便可）——換言之，在「電腦軟體」的例子中，「不使他人受損但書」在任何情況下都會獲得滿足。

若是如此，則我們要問：為何另一人 B 佔有電腦軟體 x，是不合理的侵權行為呢？對此問題，筆者認為訴諸「洛克的但書」中的「不使他人受損但書」，並無法提供令人滿意的解釋，理由如下：如上所述，A 佔有電腦軟體 x，並沒有使得其他人（包括 B 在內）因而無法享有電腦軟體（B 可以自己創造出另一電腦軟體 y）；在此情況下，B 可以在不佔有電腦軟體 x 的情況下享有電腦軟體，而卻選擇佔有電腦軟體 x；

可是值得注意的是：「B 佔有電腦軟體 x」此一行為，卻不會使得 A 無法享有原本可享有的電腦軟體 x──究其原因，在於 A 和 B 竟然可以同時佔有電腦軟體 x，而且還可以同時使用電腦軟體 x！若是如此，則我們又如何說明何以「B 佔有電腦軟體 x」是不合理的侵權行為呢？筆者懷疑「洛克的但書」並無法充分解釋何以「複製他人軟體」是一不合理的侵權行為。

＊ 第九章 ＊
牛頓運動定律
的所有權

主題：智慧財產權與思想自由問題

故事主角：羅斯、莉莉

故事：在這一章中，羅斯又和莉莉對電腦軟體的智慧財產權問題展開
　　　了第二場辯論。羅斯將向莉莉證明下列這個驚天動地的主張：
　　　智慧財產權竟然會侵犯思想自由！對於這個主張，莉莉是否能
　　　成功反駁呢？

「好吧！我承認剛才的推論的確很有問題。」約莫過了五分鐘左右，莉莉終於想到另一個反擊的方法了，於是開口說道：「如果由『X 在 S 中攙入勞力，使得 S 從無到有』，不能推論出『X 對 S 擁有所有權』，而由『X 對 S 擁有所有權』，也不能推論出『只有 X 才有權利藉由 S 而獲利』，那麼誰還會想要付出勞力呢？」

「能不能再詳細解釋一下呀？」羅斯問道。

「好吧！我的意思如下。」莉莉說：「如果我們承認軟體研發者擁有軟體的所有權，則軟體研發者就會投入精神、時間與金錢研發軟體；反之，則一旦軟體研發者研發軟體，而別人卻可以複製該軟體，並低價大量出售，如此一來，誰又想研發軟體呢？」

「嗯！我明白妳的意思。」羅斯說道。

「換言之，『X 對 S 擁有所有權』及『只有 X 才有權利藉由 S 而獲利』，正是我們為『X 在 S 中攙入勞力，使得 S 從無到有』所提供的誘因；如此一來，X 才會努力在 S 中攙入勞力，使得 S 能從無到有，不是嗎？」莉莉斬釘截鐵的說道。

「我不得不承認：乍看之下，『X 對 S 擁有所有權』及『只有 X 才有權利藉由 S 而獲利』，似乎可以為『X 在 S 中攙入勞力，使得 S 從無到有』提供誘因。」過了一分鐘左右，羅斯終於開口說道：「可是問題的關鍵在於：只有『X 對 S 擁有所有權』及『只有 X 才有權利藉由 S 而獲利』，才可以為『X 在 S 中攙入勞力』提供誘因嗎？」

「我不懂！這有什麼好懷疑的呢？」莉莉不解的追問道。

「好吧！讓我舉例說明好了。」羅斯說：「請問古希臘哲學家柏拉圖 (Plato)，嘔心瀝血撰寫《理想國》等偉大哲學著作時，是否相當於妳剛才說的『X 在 S 中擬入勞力，使得 S 從無到有』呢？」

「應該是吧！」莉莉說道：「如果柏拉圖並沒有擬入勞力，那請問《理想國》等哲學著作又怎能存在呢？」

「那請問牛頓 (Isaac Newton)、愛因斯坦 (Albert Einstein) 從事科學研究，並分別發表了石破天驚的三大運動定律及相對論，是不是也相當於『X 在 S 中擬入勞力，使得 S 從無到有』呢？」

「當然了！」莉莉信心滿滿的說道。

「那請問柏拉圖、牛頓及愛因斯坦（或他們的後代），應不應該分別對《理想國》、運動定律及相對論擁有所有權呢？是不是只有柏拉圖、牛頓及愛因斯坦（或他們的後代），才有權分別藉由《理想國》、運動定律及相對論而獲利呢？」羅斯追問道。

「喔！我不知道他們是不是擁有這些著作或科學理論的所有權，也不知道他們是否曾經藉由這些理論而獲利。」莉莉說：「不過我認為給他們所有權及獲利權很好啊！如此一來，哲學家及科學家們才會有努力研究的誘因啊！」

「妳真的認為這樣很好嗎？」羅斯問道。

「奇怪了！這樣做有什麼不好？」莉莉狐疑的看著羅斯。

「請問柏拉圖、牛頓及愛因斯坦純粹是為了擁有《理想國》、運動定律及相對論的所有權，並希望藉由這些學術成果而獲利，所以才著手從事學術研究嗎？」羅斯問道。

「我想應該不是吧！」莉莉回應道：「他們想必是因為強烈的學術熱忱、使命感，或追求真理的渴望，所以才投入研究。」

「I couldn't agree with you more!」羅斯說：「可是如此一來，妳似乎等於承認：即使 X 不對 S 擁有所有權，並因而使得 X 不能藉由 S 而獲利，然而 X 卻也很可能還是願意在 S 中攪入勞力，使得 S 從無到有──對此，柏拉圖、牛頓及愛因斯坦就是活生生的例子，因為他們很可能純粹因為強烈的學術熱忱、使命感，或追求真理的渴望而投入學術研究，並不是為了藉由學術獲利，不是嗎？」

這時只見莉莉目瞪口呆的望著羅斯，一時間竟說不出話來。

「由此可見：並不只有『X 對 S 擁有所有權』，及『只有 X 才有權利藉由 S 而獲利』，才可以為『X 在 S 中攪入勞力』提供誘因；『強烈的學術熱忱』及『追求真理的渴望』，也可以是誘因或動機啊！」羅斯補充道。

****

「啊！ 你曲解了我的意思，這不公平！」約莫過了一分

鐘，莉莉總算猶如大夢初醒般的抗議道：「我的意思是：如果他們竟然可以擁有這些學術成果，並藉由這些學術成果而獲利，這樣不是更好嗎？這你總不會反對吧！」

「這樣絕不會更好！」羅斯斬釘截鐵的回答道。

「啊！為什麼？」莉莉不服氣的追問道。

「好，讓我們再舉例說明好了！」羅斯回答道：「依妳的主張，柏拉圖、牛頓及愛因斯坦（或他們的後代），都應該分別擁有《理想國》、運動定律及相對論的所有權，是不是？」

「一點也沒錯！」莉莉回答道。

「而且歐幾里得 (Euclid)（或他的後代）也應該擁有幾何學的所有權，是吧？」羅斯問道。

「Exactly!」莉莉回答道。

「除此之外，愛爾蘭 17 世紀科學家波以耳 (Robert Boyle) 指出：在溫度一定的條件下，氣體的壓力與體積成反比。這就是著名的『波以耳定律』。依妳的主張，波以耳（或他的後代）也應該擁有『波以耳定律』的所有權，沒錯吧？」羅斯問道。

「是是是！趕快放馬過來吧！」莉莉開始不耐煩了起來。

「《理想國》、運動定律和相對論、幾何學及『波以耳定律』分別屬於哲學、物理學、數學及化學。由於它們相當重要，可以說是科學的基礎，所以我稱它們為『科學的基石』，妳應該不會反對吧？」

「好啊！有何不可？」莉莉回答道。

「所以囉，依妳的主張，只有柏拉圖、牛頓、愛因斯坦、歐幾里得及波以耳（或他們的後代），才可以藉由這些『科學的基石』而獲利。妳知道這會產生什麼結果嗎？」羅斯問道。

「這樣有何不妥？」莉莉還是沒有意識到羅斯棉裡所藏的針。

「如此一來，（例如）學生在學習《理想國》、運動定律、相對論、幾何學及『波以耳定律』等『科學的基石』時，都必須向柏拉圖、牛頓、愛因斯坦、歐幾里得及波義耳（或他們的後代）付費。」羅斯說：「其結果，則是使得知識的學習變成是一件昂貴的事情，並使得有錢人才能學習知識，社會弱勢者根本無力追求知識。」

「啊！怎麼會這樣？」莉莉突然花容失色的大叫道。

＊＊＊＊＊＊＊＊

「那你可有任何錦囊妙計呢？」莉莉追問道。

「我們對研發者所提供的誘因，並不一定要限定於金錢報酬而已。鼓勵研發可以有很多其他選擇。」羅斯回答道：「例如：一、我們可以建立一套榮譽制度 (credit system)，以便表彰研發者的貢獻。如此一來，我們也可以有效鼓勵研發。二、政府出資鼓勵研發，也可以提供研發者誘因。妳覺得如何？」

「好吧！我甘拜下風。我想討論應該就此結束了吧！」莉

莉覺得招架不住了，竟然想要草草結束討論。

「可惜問題還不僅止於此。」羅斯顯然不想就此縮手，於是又繼續說道：「依妳的主張，『X 對 S 擁有所有權』及『只有 X 才有權利藉由 S 而獲利』，可以為學術的研究發展提供誘因，是不是？」

「這……應該沒錯吧！」莉莉突然對自己的主張失去信心了。

「可是一旦作為學術研究發展重要基礎的『科學的基石』竟然為特定的人所擁有，以至於我們竟必須付費才能學習『科學的基石』，這非但無助於學術的研究發展，反而還妨礙了它，是不是？」羅斯咄咄逼人的追問道。

「這……」莉莉又說不出話來了。

「所以我們可結論如下：『X 對 S 擁有所有權』及『只有 X 才有權利藉由 S 而獲利』，本來想為學術的研究發展提供誘因，可是結果卻完全背道而馳，反而妨礙了學術的研究發展。這是不是很諷刺呢？」羅斯說。

這時空氣突然凝結了。莉莉一時間實在想不出有效駁斥羅斯主張的方法。

「好吧！我承認你妖言惑眾的能力的確很強。」約莫過了五分鐘，莉莉終於不甘示弱的追問道：「不過我終於想到解決的辦法了：只要不讓任何人對『科學的基石』擁有所有權，也不讓任何人能藉由『科學的基石』而獲利，如此一來，不就可以避免你剛才所說的一連串問題了嗎？」

「可惜問題沒有這麼簡單啊!」羅斯露出微笑，並回應道。

「此話怎講?」莉莉不解的追問道。

「請問『今天天氣很好』這個想法是不是『科學的基石』?」羅斯追問道。

「當然不是。」莉莉回答道。

「嚴格說來，當 X 在腦子裡產生（例如）『今天天氣很好』這個想法時，這就相當於『X 在 S 中攪入勞力，使得 S 從無到有』——試問：如果 X 並沒有『攪入勞力』而在腦子裡思考，那麼『今天天氣很好』這個想法又怎能存在呢？妳同意嗎?」羅斯問道。

「這種說法有些奇怪，不過有何不可?」莉莉回答道。

「既然如此，那麼問題就來了!」羅斯說：「妳剛才承認：當 X 在腦子裡產生（例如）『今天天氣很好』這個想法時，這相當於『X 在 S 中攪入勞力，使得 S 從無到有』；既然如此，那麼依妳的主張，一旦我在腦中思考『今天天氣很好』這個想法，則我就理所當然可以擁有『今天天氣很好』這個想法的所有權了，而且我也可以藉由它而獲利——因為誠如妳剛才所言，『今天天氣很好』這個想法不是『科學的基石』，所以既可以為我所擁有，而且只有我才可以藉由它而獲利，是不是?」

「這……」莉莉終於意識到問題的嚴重性了。

「既然如此，那麼當他人腦中要有『今天天氣很好』這

個想法時，就必須先向我付費。」羅斯說：「其結果，則是使得思考『今天天氣很好』這個想法，竟然變成是一件昂貴的事情——只有有錢的人才有能力在腦中思考『今天天氣很好』這個想法，至於社會弱勢者則既不能思考、也不敢思考『今天天氣很好』這個想法。換言之，社會弱勢者的思想自由竟然因此遭到了侵害！這恐怕是妳始料未及的結果吧?」

「……」莉莉還是說不出話來反擊。

「由此可見，」羅斯繼續說道：「一、為了為『X 在 S 中攙入勞力，使得 S 從無到有』提供誘因，我們可以提供除了『X 對 S 擁有所有權』及『只有 X 才有權利藉由 S 而獲利』以外的其他誘因。這表示：X 對 S 不擁有所有權（或 X 對 S 不擁有智慧財產權），並不會使得研發創新因此停滯不前。可見妳的主張並不像表面上看來那麼具有說服力呀！」

「二、以『X 對 S 擁有所有權』及『只有 X 才有權利藉由 S 而獲利』，作為『X 在 S 中攙入勞力，使得 S 從無到有』的誘因，很可能會使得社會弱勢者無法接受教育，這顯然並不公平。這表示：X 對 S 不擁有所有權（或 X 對 S 不擁有智慧財產權），非但不會使得研發創新因此停滯不前，反而還可能會使得社會更公平。可見妳的主張非但不具說服力，更很可能是錯誤的！」羅斯繼續說道。

「三、尤有甚者，以『X 對 S 擁有所有權』及『只有 X 才有權利藉由 S 而獲利』，作為『X 在 S 中攙入勞力，使得 S 從無到有』的誘因，還會侵害了思想自由。換言之，一旦我

們主張智慧財產權，我們就不免會侵害了思想自由。」羅斯最後總結道。

此時莉莉再也無話可說了。羅斯和莉莉之間的辯論，就在羅斯的長篇大論和莉莉的無言以對下草草結束了。

進階閱讀

由上一章討論可見：訴諸「自然權利論證」並無法為電腦軟體之智慧財產權尋求合理的哲學基礎。不過問題並沒有就此打住。在這一章中，羅斯竟然進一步主張：智慧財產權侵犯了思想自由！對於這個主張，莉莉似乎難以招架。

為了明白羅斯的主張背後的理由所在，我們必須首先探討智慧財產權的哲學基礎問題何以如此重要。我們可指出：電腦軟體之智慧財產權問題，乃一因資訊科技發展而衍生之嶄新問題，理由如下：

一、硬體與軟體各有不同的特性。

二、傳統的「財產權」概念似乎僅能適用於硬體，而無法適用於軟體上。

讓我們進一步說明如下：乍看之下，電腦硬體是有形之物，而電腦軟體卻是無形之物。由於電腦硬體是有形之物，所以我們知道「擁有電腦硬體（有形之物）之所有權」所指為何；然而電腦軟體是無形之物，所以我們既不知道「電腦軟體」究竟所指為何，而且也不知道「擁有電腦軟體之所有

「權」究竟是什麼意思。換言之，我們可以想像將「財產權」此一概念用於電腦硬體上；然而若將「財產權」此一概念用於電腦軟體，則不知所指。

　　由此可見：軟體之財產權問題實與硬體（如電視等）之財產權問題有所不同。欲將適用於有形之物之「財產權」此一概念應用於電腦軟體上，此一舉動之合理性實有從哲學角度進一步探究之必要。這就引領我們進入了智慧財產權的哲學基礎問題。

　　由上述分析可見：為了進一步探究「何謂擁有電腦軟體之所有權」此一問題，我們首先必須深入探討電腦軟體不同於硬體之特性為何。因此在接下來的討論中，讓我們分別以下列兩大問題為討論主軸：

一、電腦硬體與軟體究竟有何不同？

二、適用於有形事物之傳統「財產權」此一概念，究竟是否也適用於包括「想法」、「觀念」或算則等無形事物之電腦軟體？

　　讓我們首先探討第一個問題，即：電腦硬體與軟體究竟有何不同？

　　為此，格米納尼 (Michael Gemignani) 認為我們可將電腦軟體分析為下列不同層面：

　　　　算則步驟 (the steps of the algorithm)→以電腦能瞭解之語言，將算則編碼成「元程式」(source program)→用電腦之輸入設備 (input device) 將「元程式」輸入電腦

中→「元程式」再由作業系統「翻譯」成「機器語言」
(machine language)，而由「機器語言」所表現者，即
為「對象程式」(object program)，由「對象程式」，電
腦即能執行「對象程式」背後之算則。

依上述分析，「擁有電腦軟體」至少蘊含擁有「算則」、「元程
式」以及「對象程式」等事物。由此可見：「電腦軟體」一詞
之所指，遠比電腦硬體來得錯綜複雜。因此「擁有電腦軟體」
此一語句之所指，絕不可與「擁有電腦硬體」此一語句等量
齊觀。然而我們又可進一步追問：「算則」、「元程式」以及
「對象程式」究竟是指什麼？其特性又是什麼呢？

　　為了回答上述問題，我們的作法如下：

　　一、首先，我們可以將電腦軟體所包含之層面區分為兩
大類，一為包含「算則」之類，另一則為包含「元程式」與
「對象程式」之類——前者屬於「想法」或「觀念」(ideas)，
而後者則為「想法或觀念的表達」(expressions of ideas)；

　　二、其次，我們可以進一步釐清「算則」、「元程式」及
「對象程式」等詞的意義如下：「算則」一詞所指者，是程式
設計者於撰寫程式之前，心中所擘畫之藍圖（「想法」或「觀
念」），其用意在於命令電腦執行某些動作；另一方面，「元程
式」與「對象程式」所指者，則是電腦所能瞭解的語言（「想
法或觀念的表達」）——唯有藉由電腦所能瞭解之語言，如此
一來，程式設計者才能命令電腦實現設計者於撰寫程式之前，
心中所擘畫之藍圖。

　　由此可見電腦軟體與文學、藝術作品類似之處：三者皆包含了「想法」或「觀念」與「想法或觀念的表達」此兩大類。讓我們說明如下：假設某人欲撰寫一書以便陳述美麗島事件之始末及其影響。此時此人心中必先有一藍圖（「想法」或「觀念」）；其次，此人唯有藉由他人所能瞭解之語言（「想法或觀念的表達」），如此才能把心中的藍圖表達出來。

　　然而，即使兩個人心中的藍圖類似，兩個人表達藍圖的方式或語言仍可以有所不同：例如，A、B 二人皆欲撰寫一書以便陳述美麗島事件之始末及其影響（「想法」或「觀念」類似）。A 可以直敘法或中文為之，而 B 則可以倒敘法或英文為之（「想法或觀念的表達」不同）。

　　若是如此，則我們就要進一步探討第二個問題，即：適用於有形事物之傳統「財產權」此一概念，究竟是否也適用於包括「想法」、「觀念」或算則等無形事物之電腦軟體？

　　為了解決此一問題，讓我們首先探究「財產權」此一概念。對此，我們可追問：何為「財產」？對於此一問題，我們似乎可以提供下列初步答案：

　　一、首先，「財產」並非一簡單易懂的概念：「財產」此一概念由法律所創。依法律規定，我們可指出何種事物可擁有，而何種事物不可擁有，並因而擁有不同種類的「財產」概念，如車輛所有權、土地所有權等。

　　二、然而「擁有土地所有權」和「擁有車輛所有權」兩者實有很大差異：當我們說某人擁有土地所有權時，我們是

指他擁有一定限度之空間範圍，並有權使用此一空間範圍；
然而當我們說某人擁有車輛所有權時，我們並不是指他就因
而理所當然有權開車上路——除非他另有駕照，否則即使他
擁有車輛所有權，他還是無權開車上路。可見「財產」不僅
為一複雜之概念，亦為社會制度下之產物。

其次，我們要追問：「擁有電腦軟體」此一語句之所指，
是否即等於「擁有電腦軟體所包含的算則、元程式與對象程
式」，亦即是否等於擁有「想法」或「觀念」與「想法或觀念
的表達」此二類事物？換言之，我們要追問：「財產權」此一
概念，究竟是否可適用於「想法」或「觀念」與「想法或觀
念的表達」此二類事物？

為回答此一問題，我們可參考美國法律之見如下：

一、首先，美國法律將電腦軟體與文學作品等量齊觀，
視電腦軟體為適用於「財產權」此一概念、可受智慧財產權
保護之「文學作品」。

二、然而另一方面，美國法律又視電腦軟體為「想法或
觀念的表達」。

在此，值得注意的是：對於電腦軟體所包含之「想法」或「觀
念」與「想法或觀念的表達」此二類事物，美國法律其實分別
給予了不同之法律地位——美國法律所保護者，乃屬「想法或
觀念的表達」此一範疇之「元程式」與「對象程式」。至於屬
「想法」或「觀念」範疇之「算則」，則不在法律保護之列。

由上述分析可知：依美國法律所見，電腦軟體之「算則」

由於屬於「想法」或「觀念」之範疇，因此並不受智慧財產權之保障；另一方面，由於「元程式」與「對象程式」是「想法或觀念的表達」，因此受智慧財產權之保障。

由此可見：依美國法律所見，「擁有電腦軟體」此一語句之所指，僅等於「擁有電腦軟體所包含之元程式與對象程式」，亦即僅等於擁有「想法或觀念的表達」而已。換言之，「財產權」此一概念僅適用於「想法或觀念的表達」，而不能適用於「想法」或「觀念」。

然而對此，我們可問：為何僅僅作為程式的「想法」或「觀念」的「算則」並不受智慧財產權的保障，而作為「想法或觀念的表達」的「元程式」與「對象程式」則可受智慧財產權的保障？為了回答此一問題，我們必須進一步深究「想法」或「觀念」與「想法或觀念的表達」二者的根本差異所在。

對此問題，我們可初步回答如下：「想法」或「觀念」是心中隱而未發的事物，而「想法或觀念的表達」則是透過可為他人所瞭解的符號等工具，以便將隱而未發的事物表達成為客觀、人人可察覺的事物。

就他人觀點觀之，隱而未發的「想法」或「觀念」僅為無形之事物，而「想法或觀念的表達」則為有形、可為他人察覺之事物。因此，我們可以知道「擁有有形事物之所有權」究竟是什麼意思，卻不知何謂「擁有無形事物之所有權」。究其原因，在於有形、可為他人察覺之事物是可數、可個體化 (individualization) 之事物，而無形之事物則是不可數、無法

個體化之事物。

依此觀之，假設某人說他擁有某種「想法」或「觀念」之所有權，則這不啻等於說他擁有海市蜃樓、天邊雲彩或獨角獸之所有權，這實猶如瘋漢之言，哲學上或法律上並不足採信。

因此我們可結論如下：無論從哲學或法律的觀點觀之，電腦軟體的「算則」由於屬無形的「想法」或「觀念」之範疇，因此並不能受智慧財產權的保障；而「元程式」與「對象程式」由於是有形的「想法或觀念的表達」，因此可受智慧財產權的保障。

影響所及，則是當某人擁有電腦軟體的所有權，其所擁有者，僅止於屬「想法或觀念的表達」範疇之「元程式」與「對象程式」而已，而不可及於屬「想法」或「觀念」範疇之「算則」。

智慧財產權與思想自由

然而這似乎僅承認了電腦軟體的半套所有權而已：當軟體研發者擁有電腦軟體之所有權時，他其實僅僅擁有屬於「想法或觀念的表達」範疇之「元程式」與「對象程式」而已，而並不擁有屬於「想法」或「觀念」範疇之「算則」。讓我們稱上述所有權為「半套式電腦軟體所有權」。相較之下，讓我們稱既承認個人擁有屬於「想法或觀念的表達」範疇之「元程式」與「對象程式」，也承認個人擁有屬於「想法」或「觀

念」範疇之「算則」的所有權概念為「全套式電腦軟體所有權」。

　　乍看之下，「半套式電腦軟體所有權」似乎不利於鼓勵軟體的研發創新——我們會傾向於認為「全套式電腦軟體所有權」，才能充分提供軟體研發者研發軟體之誘因。為了探討究竟是「全套式電腦軟體所有權」還是「半套式電腦軟體所有權」才能有效鼓勵軟體的研發創新，我們要追問：為了提供研發軟體之誘因，除了屬於「想法或觀念的表達」範疇之「元程式」與「對象程式」之外，屬於「想法」或「觀念」範疇之「算則」，究竟應否也受智慧財產權保護，而為個人所擁有？

　　為回答此一問題，讓我們首先轉而探討專利制度的意義及目的。專利制度的目的無他，唯為了促進創新、發明而已。然而值得注意的，是下列事物並無法申請專利：

　　1.「想法」或「觀念」。

　　2.算則。

　　3.科學定律 (scientific principles)。

　　4.自然律 (laws of nature)。

　　5.心靈活動 (mental process)。

為何如此？因為上述事物是科學、科技之基石——試問：如果這些事物竟可申請專利，並因而可為個人所擁有，則就很可能會使得他人無法自由利用這些科學、科技之基石來研究、發明新的事物；其結果，則是嚴重妨礙了進一步的創造發明。由此可見並非所有事物皆可申請專利。作為科學、科技基石

之事物若排除於專利制度之外，非但不會妨害創新、發明，反而還會鼓勵創新、發明。

　　除此之外，如果「想法」或「觀念」、算則、科學定律等科學、科技之基石竟能申請專利，則專利制度就會對思想自由造成嚴重侵害，理由如下：一旦「想法」、「觀念」或算則可申請專利，則不啻鼓勵每個人趕快將心中每分每秒的想法申請專利；其結果，則是每個人都不能有所想，否則就很可能會侵害了他人的思想專利權。這當然嚴重侵害了思想自由。

　　同理可證：承認個人擁有屬於「想法」或「觀念」範疇之「算則」的所有權的「全套式電腦軟體所有權」，也會使得每個人不能有所想，並侵害了我們的思想自由。一旦思想自由遭到侵害，我們就等於失去了研究、發明新的事物的自由。其結果，則是嚴重妨礙了進一步的創造發明。由此可見：相較於「全套式電腦軟體所有權」，「半套式電腦軟體所有權」其實才能鼓勵研發創新。

　　由此可知電腦軟體為何並不適用於專利制度之根本理由所在。筆者在此把它們寫成下列論證：

　　　　前提 1.如果我們允許「算則」申請專利，則既會妨礙創新、發明，而且還會侵害思想自由。

　　　　前提 2.電腦軟體包含了屬於「想法」或「觀念」範疇之「算則」此一層面。

　　　　因此，電腦軟體當然不能申請專利。

　　由此可見：電腦軟體適用於智慧財產權之保護或專利制

度之申請，非但有「侵害思想自由」之虞，更可能反而無法
鼓勵發明與創新。

　　因此，基於上述理由，於 1970 年代，美國政府始終不願
發給電腦軟體專利，因為如果電腦軟體可以申請專利，則許
多事物（如「想法」或「觀念」、算則、科學定律等）就可以
比照辦理而獲得專利，並因此而獲得智慧財產權之保護。

　　然而諷刺的是： 1981 年以後，迫於資訊業者的強大壓
力，美國政府竟開始大量給予電腦軟體專利權。此舉引起了
強烈的反對與抗議：反對者認為如此一來，諸如「想法」或
「觀念」、算則、科學定律、自然律以及心靈活動等科學、科
技之基石，亦可以比照辦理而申請專利，並可以為人所擁有；
其結果，則是專利制度等於自掌耳光，因為這早已違背了其
「促進創新、發明」的原始目的了。

智慧財產權的效益論論證

　　由上述討論可見：承認個人擁有屬於「想法」或「觀念」
範疇之「算則」的所有權的「全套式電腦軟體所有權」，不僅
會侵害思想自由，也會妨礙創造發明。然而有人可能會主張：
承認電腦軟體之智慧財產權，會提供軟體研發者較良好之研
發誘因與環境，因此對整體社會而言較為有利。此一論點可
稱為「效益論論證」(the utilitarian argument)。

　　依效益論論證，如果社會並不保障軟體研發者對軟體之
財產權，則軟體研發者即不會投入精神、精力、時間與金錢

研發軟體——試問：如果軟體研發者研發軟體，然而別人卻可複製該軟體，並低價大量出售，則誰又想研發軟體？因此，社會必須對軟體研發者提供研發軟體之誘因，而且必須確保該等誘因可以為軟體研發者帶來利益。而智慧財產權正可以提供軟體研發者研發軟體之誘因。

筆者認為智慧財產權的效益論論證並不見得能夠成立，理由如下：

一、「行為」與「結果」之間並不具有必然性；同理，「主張電腦軟體之智慧財產權」並不必然保證能提供軟體研發者較良好之研發誘因與環境。

二、我們對軟體研發者所提供的研發軟體之誘因，不一定必須限制在金錢報酬或「給予軟體研發者對軟體之財產權」而已。鼓勵軟體之研發，至少可以有下列其他選擇：

㈠我們可以參照目前科學出版品之作法，而為軟體之研發建立一套榮譽制度 (credit system)，並據以表彰軟體研發者之貢獻，如此亦可有效鼓勵軟體之研發。

㈡政府出資鼓勵軟體之研發，也可以提供軟體研發者誘因。

由此可見：為了鼓勵軟體之研發與創新，我們可以提供除了金錢報酬或智慧財產權之外的其他誘因。這表示：軟體研發者如果不擁有軟體之所有權，並不會使軟體之研發因此停滯不前。可見以效益論論證支持軟體研發者對軟體之所有權，並不像表面上看來之具有說服力。

　　由上述分析，可知主張電腦軟體之智慧財產權，非但不必然會提供軟體研發者較良好之研發誘因與環境，反而還會妨害軟體之創新與發明，甚至侵犯了思想自由。

　　這似乎暗示我們：軟體的智慧財產權似乎並不是一種普世價值，而僅僅是人類眾多制度的選項之一而已。然而全球化卻要求我們接受其為唯一選項。若是如此，則軟體的智慧財產權是否並無合理理由支持？這個問題值得讀者進一步思考。

＊ 第 十 章 ＊
軟體與菠蘿麵包
背後的邏輯

主題：智慧財產權與言論自由問題

故事主角：宅憤青、老蘇、羅斯、莉莉、阿曼達及卡洛琳

故事：承上一章所述，羅斯主張智慧財產權會侵犯思想自由，所以我
　　　們沒有合理理由支持智慧財產權。這個主張讓莉莉難以招架。
　　　在這一章中，羅斯更要進一步主張智慧財產權會侵犯言論自
　　　由！為此，宅憤青、老蘇、羅斯、莉莉、阿曼達及卡洛琳六
　　　人，特別針對此一主題舉行三場辯論大會。其中，宅憤青、老
　　　蘇、羅斯反對智慧財產權，而莉莉、阿曼達及卡洛琳則為智慧
　　　財產權辯護。這三場辯論究竟鹿死誰手呢？

自從上次羅斯和莉莉之間的辯論，竟然在莉莉幾乎棄械投降的情況下結束之後，莉莉就刻意避著羅斯，不想和他再正面交鋒了。

原來莉莉希望能夠在這段時間內，多多吸收和智慧財產權有關的知識，以便在下次辯論時能扳回一城。為此，她特別前去旁聽法律系及哲學系的課程，希望能有所收獲。

在旁聽了相關課程後，她發現這個問題其實是哲學問題，而不是法律問題，所以旁聽哲學系的課程較有收獲。

不過好景不常。正當莉莉漸漸覺得有所心得，不過還不足以和羅斯一較高下時，某日上午上課前，她還是在政大精神堡壘前和羅斯撞個正著了！

「嗨！莉莉，好久不見啊！」羅斯熱情的對著莉莉打招呼。

「喔……好久不見……」莉莉避不開羅斯，只好尷尬的回應道。她心想：今天鐵定是倒楣的一天呀！

「上次關於智慧財產權的辯論真是精彩呀！」羅斯得意洋洋的說道。

「嗯！你高興就好。」莉莉冷冷的回應道。

「既然上次辯論這麼精彩，擇日不如撞日，要不要今天再來一場呢？」羅斯問道。

「啊？這……」莉莉花容失色的大叫道：「不過我等一下有課啊！要不要乾脆揪團來場大辯論呢？」

「太好了！有何不可？」羅斯一面高興地回應道，一面馬

上隨手拿起手機，在臉書上呼朋引伴起來了。

　　過了沒多久，宅憤青、老蘇、阿曼達及卡洛琳四人都同意中午前來，並針對軟體的智慧財產權舉行三場辯論大會。眾人並約定：宅憤青、老蘇、羅斯反對智慧財產權，而莉莉、阿曼達及卡洛琳則為智慧財產權辯護。

　　眾人還約定如下：

　　1.第一場辯論於中午在政大精神堡壘前舉行，第二、三場辯論則於傍晚分別在政大羅馬廣場及憩賢樓餐廳舉行。

　　2.第一場辯論特別安排情侶檔大辯論，宅憤青及莉莉，第二場辯論的主角是老蘇及阿曼達，至於第三場辯論，則由羅斯及卡洛琳壓軸。

　　3.辯論時，其他人只能靜靜的在一旁觀戰，不能為辯論主角提供任何支援，否則必須扣分。

　　4.採三戰兩勝制。

＊＊＊＊＊＊＊＊

　　時間過得很快。中午在政大精神堡壘前的第一回合情侶檔大辯論：莉莉和宅憤青之戰，即將開始。

　　在此同時，老蘇、羅斯、阿曼達及卡洛琳四人靜靜的在一旁觀戰，並一面磨拳擦掌，準備在傍晚的第二、三場辯論時一展身手。

　　「希望這場情侶檔大辯論，不會害得莉莉和宅憤青分手

才好啊！」羅斯對老蘇說道。

「羅斯上次說過：以『X 對 S 擁有所有權』及『只有 X 才有權利藉由 S 而獲利』，作為『X 在 S 中攙入勞力，使得 S 從無到有』的誘因，會侵害了思想自由。換言之，羅斯主張智慧財產權會侵害思想自由，記得嗎？」宅憤青首先打破沉默，並開始滔滔不絕的說道：「不過這一次我要再加碼演出喔——我要主張：智慧財產權除了會侵害思想自由之外，也會侵害言論自由！」

「何以見得？」莉莉不服氣的追問道。她心想：這一次一定不能再認輸了。

「好吧！ 妳可要聽好了。」宅憤青解釋道：「讓我進一步解釋吧！ 首先，我們以前曾說：密爾 (John Stuart Mill) 等自由主義者認為：言論自由是為了保證觀念或想法 (ideas) 的自由流通，而這可以為社會全體成員帶來幸福。換言之，當我們主張言論自由時，我們等於要求『觀念或想法的自由流通』：任何對於『觀念或想法的自由流通』產生阻礙的舉動，都可以被視為侵害了言論自由。妳同意吧？」

「嗯……這個主張好像有問題！」莉莉猶豫了一下，然後說道：「不過為了便於討論起見，讓我們等一下再回頭討論這個主張吧！」

「咦！ 這個主張怎麼會有問題？」宅憤青心裡嘀咕著，同時滿臉狐疑的看著莉莉。

「請繼續呀！」莉莉催促宅憤青繼續完成他的論證。

「好！現在讓我們來看看何以智慧財產權會侵害言論自由。」宅憤青故作鎮定繼續解釋道：「當我們主張智慧財產權時，我們等於主張要對『獲取觀念或想法的方法』、『對於觀念或想法的使用方法』，甚至是『觀念或想法的表達』(expression of ideas) 本身施加限制。可是如此一來，我們就等於主張要對『觀念或想法的自由流通』施加限制或阻礙了。換言之，一旦我們主張智慧財產權，我們就不可避免的會限制或侵害了言論自由。這妳也同意吧？」

「嗯……」莉莉還是猶豫了一下，然後回應道。她對宅憤青的主張還是不置可否。

「換句話說，」宅憤青義正辭嚴的說道：「當我們主張智慧財產權，我們等於主張：為了成就一個人的自由（藉由保障他的智慧財產權），我們以犧牲其他人的自由（即言論自由）為代價！這不是非常諷刺的事情嗎？」

「不過問題還不僅於此！」宅憤青話匣子一旦打開，就好像再也停不下來般繼續說道：「除此之外，我們也可總結如下：如果我們主張智慧財產權（即主張『對觀念或想法的表達施加限制』），則我們就不可避免會侵犯言論自由；而如果我們主張言論自由（即主張『觀念或想法的自由流通』），則我們就必須捨棄智慧財產權。換言之，如果我們一方面主張言論自由，另一方面又主張智慧財產權，則就會陷入自相矛盾的處境！」

「喔，原來如此！」莉莉回應道。

「怎樣？看來妳應該無話可說了吧？」宅憤青得意洋洋的說道。

「可惜你的論證不見得能夠成立呀！」約莫過了三十秒，當宅憤青以為辯論已獲得勝利，正想轉身離開時，莉莉竟開口說道。

「咦！為什麼？」宅憤青驚訝的望著莉莉，並滿臉狐疑的追問道。

「好吧！口說無憑。為了讓你明白，我們首先把你的主張寫成論證吧！」說時遲那時快，只見莉莉馬上在平板電腦上寫下下列論證：

P1. 依密爾 (John Stuart Mill) 等自由主義者之見，言論自由保證了觀念或想法的自由流通，並可因此為社會全體成員帶來幸福。

P2. 如果我們主張智慧財產權，我們等於主張要對「獲取觀念或想法的方法」、「觀念或想法的使用方法」及「觀念或想法的表達」施加限制。

P3. 如果我們主張要對「獲取觀念或想法的方法」、「觀念或想法的使用方法」及「觀念或想法的表達」施加限制，則我們就等於主張要限制言論自由。

因此，如果我們主張智慧財產權，則我們就不可避免會侵犯言論自由。

「怎樣？我是否誤解了你的主張呢？你可同意上面這個論證呢？」莉莉問道。

「太棒了！Well done! 這的確是我的主張呀！而且我也認為這個論證很完美，完全沒有任何問題！」宅憤青得意洋洋的回應道。

「你確定這個論證真的沒有問題？我可不這麼認為。」莉莉斬釘截鐵的說道。

「啊！何以如此？」宅憤青大叫了一聲，並不甘心的追問道。

「這個論證最脆弱的地方在於 P3。」莉莉說道：「我們可以追問：任何對於『觀念或想法的自由流通』產生阻礙的舉動，任何對於『獲取觀念或想法的方法』、『觀念或想法的使用方法』及『觀念或想法的表達』施加限制的舉動，都可以被視為侵害了言論自由嗎？」

「這又有什麼問題？」宅憤青還是不明白問題的所在，因此又追問道：「一個人的觀念或想法因為外在因素或外力的限制或阻礙而無法自由流通，在此情況下，如果這不算是言論自由遭到侵犯，那麼什麼才算是言論自由遭到侵犯呢？」

「好吧！那麼我問你：一個人是否有在擁擠的戲院裡大叫『失火了』的言論自由呢？」莉莉追問道。

「應該沒有吧！」宅憤青小心翼翼地回答道。他隱約已經察覺到莉莉所設下的陷阱了。

「還有，請問：一個人是否有深夜在病房中大聲喧嘩的

言論自由呢?」莉莉再追問道。

「喔……當然沒有。」宅憤青終於知道問題的嚴重性了。

「限制一個人在擁擠的戲院裡大叫『失火了』，限制一個人深夜在病房中大聲喧嘩，這些都是對於『觀念或想法的自由流通』產生阻礙的舉動，也是對於『獲取觀念或想法的方法』、『觀念或想法的使用方法』及『觀念或想法的表達』施加限制的舉動。」莉莉打鐵趁熱的追問道:「所以依 P3，限制一個人在擁擠的戲院裡大叫『失火了』，限制一個人深夜在病房中大聲喧嘩，這些都算侵犯了他人的言論自由。可是你剛才卻又認為這些舉動並沒有侵犯他人的言論自由。在此，你顯然已經自打嘴巴了! 所以你的主張究竟是什麼呢?」

「啊! 怎麼會這樣? 這……」宅憤青面紅耳赤，說不出話來了。

「可惜 P3 的問題還不僅於此。」屋漏偏逢連夜雨，想不到莉莉此時竟又補上一槍。

「啊! 什麼? 妳倒是說說看!」宅憤青實在不敢相信自己的耳朵，於是急切的追問道。

「P3 不見得成立的另一個理由如下: 當我們對『觀念或想法的自由流通』、『獲取觀念或想法的方法』、『觀念或想法的使用方法』及『觀念或想法的表達』施加限制時，被限制的對象並不會窮盡一切『獲取觀念或想法的方法』、『觀念或想法的使用方法』及『觀念或想法的表達』。」莉莉解釋道:「換句話說，在我們施加限制的舉動下，想必還會有許多『獲

取觀念或想法的方法』、『觀念或想法的使用方法』及『觀念或想法的表達』成為漏網之魚，而沒有遭到限制。」

「所以呢?」宅憤青急切的追問道。

「一旦許多『獲取觀念或想法的方法』、『觀念或想法的使用方法』及『觀念或想法的表達』成為漏網之魚而沒有遭到限制，則這不就表示許多『觀念或想法』仍然可以自由流通、不受阻礙了嗎?」莉莉回應道。

「若是如此，」不等宅憤青回應，莉莉繼續說道:「則任何對於『觀念或想法的自由流通』產生阻礙的舉動，任何對於『獲取觀念或想法的方法』、『觀念或想法的使用方法』及『觀念或想法的表達』施加限制的舉動，都不見得會使得『觀念或想法的自由流通』成為不可能; 而只要一個人的『觀念或想法的自由流通』仍然可能，我們就不能說這個人的言論自由遭到了侵害。所以 P3 不見得能夠成立。」

「等等! 這我可不能同意。」宅憤青這下子終於逮到了反擊的機會，於是趕緊反駁道:「所以妳的意思是不是: 任何對於『觀念或想法的自由流通』產生阻礙的舉動，都不算是侵害了言論自由; 只有當對於『觀念或想法的自由流通』產生阻礙的舉動，使得『觀念或想法的自由流通』成為不可能，此時言論自由才算是遭到了侵犯，是不是?」

「正是如此!」莉莉回應道。

「可是我認為這個要求太高了! 因為如此一來，我們就可以想像箝制言論自由的獨裁者，可以合理宣稱他並沒有侵

犯人民的言論自由，因為人民的『觀念或想法的自由流通』，並沒有因為他箝制言論自由的獨裁統治而成為不可能呀！」宅憤青抗議道。

「可是依你的主張，只要任何對於『觀念或想法的自由流通』產生阻礙的舉動，都可以被視為侵害了言論自由。是不是？」不等宅憤青回應，莉莉不甘示弱，繼續反擊道：「若是如此，那麼限制一個人在擁擠的戲院裡大叫『失火了』，限制一個人深夜在病房中大聲喧嘩，這些都算侵犯了他人的言論自由。可是我們不會認為上面這些限制和言論自由遭到侵犯有關。可見你對言論自由遭到侵犯的要求又太低了！」

「所以妳可有任何折衷的建議呢？」兩人約莫沉默了兩分鐘，宅憤青終於開口說道：「如果沒有，看來我們對於這個問題的辯論算是打平了！」

****

莉莉和宅憤青中午在政大精神堡壘前的第一回合情侶檔大辯論，結果以平手收場。

雖然情侶檔大辯論最後以平手收場，然而在辯論後，莉莉和宅憤青卻也隨即陷入冷戰，彼此連正眼都不瞧一眼！

此外，眾人也都心有不甘，所以接下來傍晚在政大羅馬廣場及憩賢樓餐廳的第二、三場辯論，就是決定鹿死誰手的關鍵了。

　　第二場辯論的主角是老蘇及阿曼達。此時，宅憤青、羅斯、莉莉及卡洛琳四人則靜靜的在一旁觀戰。

　　老蘇及阿曼達兩人約定好的辯論規則如下：各自想出一個贊成或反對智慧財產權的哲學論證，然後看看對方能否成功駁斥。

　　下午五點一到，眾人都依約準時出現在政大羅馬廣場了。

　　「我剛才上課時都一直心不在焉呀！因為我一直在思考如何提出一個贊成智慧財產權的哲學論證。」阿曼達說：「Guess what? 我想到了！而且還很合理喔！你可要小心了，嘿嘿！」

　　「好吧，放馬過來吧！」老實說，雖然嘴巴不說，不過老蘇倒是有些擔心。畢竟在阿曼達、莉莉及卡洛琳三人之中，阿曼達的論證能力可是最強的！

　　「好吧，我的論證如下。」阿曼達說：「我想你應該會同意下列主張：智慧財產權是藉由限制「觀念或想法」的自由流通，來達到提供研發、創新的誘因。是不是？」

　　「正是如此！」老蘇回應道。

　　「現在讓我們把這個主張分成前、後兩個部分：前面部分是『智慧財產權限制了「觀念或想法」的自由流通』，後面部分則是『智慧財產權提供了研發、創新的誘因』，這兩個部分你應該都不會反對吧？」阿曼達問道。

　　「好啊！有何不可？」雖然不知道阿曼達葫蘆裡賣什麼藥，不過老蘇還是故作輕鬆的回應道。

「太好了！現在讓我們首先聚焦於前面部分，即『智慧財產權限制了「觀念或想法」的自由流通』這個主張吧！」阿曼達說道：「你認為智慧財產權限制了『觀念或想法』的自由流通，所以它侵犯了言論自由，是不是？」

「是的！」老蘇回應道。

「可是如你剛才所言，你也同意後面部分，即『智慧財產權提供了研發、創新的誘因』這個主張吧？」不等老蘇回過神來，阿曼達趕緊追問道：「現在請問你：為何智慧財產權能提供研發、創新的誘因呢？」

「原來魔鬼真的總是藏在細節裡呀！智慧財產權真的能提供研發、創新的誘因嗎？」老蘇心想：剛才不小心貿然同意了後面部分，即「智慧財產權提供了研發、創新的誘因」這個主張；要是剛才不承認後面這個主張，那麼他現在想必就不會居於下風，而被阿曼達牽著鼻子走呀！

不過老蘇一時間實在想不出駁斥阿曼達主張的好方法，所以他只能呆呆地瞧著阿曼達，不發一語。

「既然你沒有答案，那麼我就只好自問自答了！我認為智慧財產權之所以能提供研發、創新的誘因，其根本原因就在於它限制了『觀念或想法』的自由流通呀！」阿曼達斬釘截鐵的說道：「唯有承認某些人擁有某些『觀念或想法』的所有權，並藉此進一步限制這些『觀念或想法』的自由流通，如此一來，我們才能鼓勵人們創造出更多的『觀念或想法』呀！這不正是智慧財產權運作的根本原理嗎？」

此時只見老蘇還是呆呆地瞧著阿曼達，不發一語。

「看來你還是不懂呀！」阿曼達繼續滔滔不絕的說道：「讓我這樣解釋好了：假設我們一方面承認某些人擁有某些『觀念或想法』的所有權，可是卻不進一步限制這些『觀念或想法』的自由流通，其結果，則是其他人竟然可以輕易獲取、利用這些『觀念或想法』。在此情況下，請問誰還會願意創造出更多的『觀念或想法』呢？可見『限制觀念或想法的自由流通』正是提供研發、創新誘因的關鍵因素——沒有它，我們就無法鼓勵人們創造出更多的『觀念或想法』！」

「所以我們可以結論如下：短期而言，智慧財產權的確會如你所言限制了資訊的自由流通，並因而會有限制言論自由之虞。這點我完全同意！」不等老蘇回應，阿曼達乘勝追擊，繼續說道：「可是長遠觀之，由於智慧財產權會提供研發、創新的誘因，因此反而能為資訊的創造、散播提供良好的環境。換言之，就長遠而言，智慧財產權非但不會限制思想自由或言論自由，反而還會增進思想自由或言論自由！」

此時空氣頓時凝結了。兩人隨即陷入了一連串的沉默與思索之中。

「所以妳的意思是不是：藉由『限制觀念或想法之可及性 (availability) 及使用』等方式，長遠而言，我們就可以達到『創造出更多觀念或想法、增加觀念或想法的使用及可及性』此一目標？」老蘇終於開口回應了。

「完全正確！」阿曼達回應道。

「這我就不懂了：妳一方面說要『限制觀念或想法之可及性』，另一方面卻說『限制觀念或想法之可及性』可以在未來『增加觀念或想法的可及性』。可是這不是自打嘴巴嗎？」千呼萬喚之下，老蘇終於發出了微弱的一擊。

「咦？怎麼會這樣？」阿曼達心想。約莫過了一分鐘，她終於想到了好的回應方式。「沒錯，我的主張乍看之下是自打嘴巴，可是在邏輯上並沒有任何矛盾呀！」她冷冷地說道。

究竟誰才是第二場辯論的贏家呢？

****

老蘇和阿曼達在政大羅馬廣場的第二場辯論就這樣結束了。接下來眾人決定移師到政大憩賢樓用餐，以便展開第三場辯論。

第三場辯論的主角是羅斯及卡洛琳。在此同時，宅憤青、老蘇、莉莉、阿曼達則在一旁觀戰。

在這場辯論中，首先由羅斯提出反對智慧財產權的哲學論證，並看看卡洛琳能否順利駁斥它。

「OK，聽好了！」羅斯邊吃邊問道：「當我們說一個人 S 擁有事物 X 的所有權時，我們是指 S 擁有什麼其他人所沒有擁有的特權呢？」

「喔！這個問題很簡單呀！」卡洛琳鬆了一口氣，並回答道：「相較於其他人，S 擁有 X 的優先使用權，甚至 S 擁有專

門使用權，其他人完全沒有權利使用 X。是吧？ 應該還有其他特權吧？」她原來還以為羅斯會丟出什麼難題來呢！

「Great! 光是這個特權就夠了！」羅斯好像等了這個答案很久，於是不禁大叫道：「那再請問：S 為什麼必須擁有 X 的優先使用權或專門使用權呢？」

「這個問題也很簡單呀！」卡洛琳回答道：「如果其他人可以優先使用 X，那麼一旦 X 在使用後竟然有所損壞，請問 S 還能使用 X 嗎？ 所以，為了避免上述情況，S 當然必須擁有 X 的優先使用權，甚至是專門使用權呀！」

「所以妳的意思是不是： 有些事物在使用或消費後多少會有所減損，而很不幸的，X 恰好就屬於這類事物？」羅斯追問道。

「正是如此！」卡洛琳回應道。

「而且當 S 在使用或消費 X 時，其他人並無法同時使用或消費 X，是不是？」羅斯追問道。

「嘿！ 沒錯。你說得真好！」卡洛琳說道。

「那麼哪些事物是 X 呢？」羅斯追問道：「我想菠蘿麵包應該就是 X 吧？ 因為當 S 在吃菠蘿麵包時，其他人並無法同時吃同一個菠蘿麵包，而且菠蘿麵包也會因為 S 的使用或消費後而有所減損，是不是？」

「對極了！」卡洛琳回應道。

「太好了！」羅斯喜孜孜地說道：「為了論證方便起見，讓我們稱無法同時為許多人所使用、消費，而且使用或消費

後多少會有所減損的事物為『競爭性事物』(rivalrous things) 或『排他事物』(excludable things)，好嗎？」

「好啊！有何不可？」卡洛琳回答道。

「相較之下，另外還有一類事物既可以同時為許多人所使用、消費，而且使用或消費後也不會有所減損。讓我們稱這類事物為『非競爭性事物』(non-rivalrous things) 或『非排他事物』(non-excludable things)，這妳應該也不會反對吧？」羅斯說道。

「好啊！」卡洛琳回應道。

「那麼請問：作為智慧財產權保護對象的『觀念或想法』或『觀念或想法的表達』，究竟是『競爭性事物』或『排他事物』？還是『非競爭性事物』或『非排他事物』呢？」羅斯問道。

「依你的定義，它們應該算是『非競爭性事物』或『非排他事物』吧！」卡洛琳小心翼翼地回應道。

「好！現在讓我們來探討 S 的優先使用權或專門使用權，和『非競爭性事物』或『非排他事物』之間有什麼關係。」羅斯說道：「如我們剛才所說，S 對 X 的優先使用權或專門使用權，是為了避免 X 在使用後有所損壞，而使得 S 無法使用 X。是不是？」

「沒錯。」卡洛琳回應道。她還沒有發現自己正一步步掉入羅斯所精心設下的陷阱中。

「可是當 X 是『非競爭性事物』或『非排他事物』時，以上述理由來支持 S 對 X 的優先使用權或專門使用權就失

去正當性了。」羅斯說道：「因為作為『非競爭性事物』或『非排他事物』的 X 在使用後並不會損壞。不是嗎？」

「這……好像沒錯吧！」卡洛琳突然吞吞吐吐地回應道。

「由於作為智慧財產權保護對象的『觀念或想法』或『觀念或想法的表達』，可以在不會有所減損的情況下，同時為許多人所使用、消費，而且複製『觀念或想法』或『觀念或想法的表達』，也並不會使得原來擁有它們的人無法擁有或使用它們。」羅斯突然像連珠炮似的說道：「既然如此，我們當然就沒有充分理由，藉由智慧財產權來確保 S 對『觀念或想法』或『觀念或想法的表達』的優先使用權或專門使用權，因為『觀念或想法』或『觀念或想法的表達』是『非競爭性事物』或『非排他事物』，因此 S 的優先使用權或專門使用權，根本就不會受到影響！所以我們當然可以有充分理由反對智慧財產權！好了，論證完畢！」

「讓我把我的主張寫成論證吧！」這時只見羅斯在平板電腦上寫下下列論證：

P1. 作為智慧財產權保護對象的「觀念或想法」或「觀念或想法的表達」是「非競爭性事物」或「非排他事物」。

P2.「非競爭性事物」或「非排他事物」在使用或消費後並不會損壞。

P3. 只有當 X 在使用或消費後會損壞，此時我們才有充分理由主張 S 對 X 的優先使用權或專門使用權，並因

> 而才有充分理由主張 S 擁有 X 的所有權。
>
> 　　因此，我們沒有充分理由主張 S 擁有作為「非競爭性事物」或「非排他事物」的「觀念或想法」或「觀念或想法的表達」的所有權。

　　這時只見卡洛琳呆呆地望著羅斯，一句話都說不出來。

　　卡洛琳和羅斯在政大懋賢樓的第三場辯論，羅斯是否獲勝了呢？

　　　　　　　　　********

　　「看來言論自由問題可是大哉問呢！」三場辯論後，宅憤青首先打破沉默，並說道：「言論自由問題牽涉到思想自由、隱私、是否應限制色情刊物及仇恨言論，甚至是智慧財產權問題，而這些問題都是難解的哲學問題啊！」

　　「所以究竟誰贏得了辯論呢？」老蘇問道。

　　「看來並不容易評判啊！」阿曼達說道：「羅斯，你是法律系高材生，要不要去問問看你的系上老師關於言論自由問題的看法呢？」

　　「喔！我想這是問錯人了。這個問題其實是哲學問題，應該去問哲學系老師才是啊！」羅斯回應道。

　　「如果是哲學問題，問題恐怕就不容易有解了。」卡洛琳說道。

「乾脆我們下學期一起揪團去修哲學系的課，你們覺得如何？」莉莉提議道。

「喔！我舉雙手贊成！」宅憤青說道。

此時，辯論時劍拔弩張的態勢頓時解除，眾人又像以往一樣，開始打鬧了起來。太陽已西下，不過六個好朋友的哲學探究之路，卻正要開始。

進階閱讀

在這一章中，我們要問：主張智慧財產權究竟會不會侵犯了言論自由呢？如果哲學家一方面為智慧財產權辯護，另一方面又主張言論自由，會不會因此陷入自相矛盾的處境呢？這些問題正是宅憤青及莉莉、老蘇及阿曼達分別在第一、二場辯論的主軸。對於這些問題，宅憤青及老蘇的答案都是肯定的，而莉莉及阿曼達的答案則是否定的。

事實上，宅憤青及老蘇對上述問題的答案呼應了當代反對智慧財產權的理論大將海丁格 (Edwin Hettinger) 的主張。海丁格指出：

一、依以密爾為代表的自由主義者之見，言論自由保證了觀念或想法 (ideas) 的自由流通，並可因此為社會全體成員帶來幸福；如果我們主張智慧財產權，我們等於主張要對「獲取觀念或想法的方法」、「觀念或想法的使用方法」及「觀念或想法的表達」(expression of ideas) 施加限制。如此一來，我

們在主張智慧財產權的同時，就等於主張要限制言論自由了。其結果，則是為了成就一個人的自由，我們竟必須以犧牲其他人的自由為代價！

　　二、海丁格認為智慧財產權可以促進智慧產物（如電腦軟體）之研發與創造。然而這會產生弔詭：因為如此一來，智慧財產權就等於是藉由「限制智慧產物之可及性 (availability) 及使用」等方式，來試圖達到「增加智慧產物的產量、使用及未來可及性」此一目標。其結果，則是智慧財產權就會有自我矛盾 (self-contradiction) 或自我挫敗 (self-defeating) 之虞。

　　海丁格言下之意似乎認為：

　　一、就「觀念或想法的自由流通」或「對觀念或想法的表達施加限制」而論，如果我們主張智慧財產權（即主張「對觀念或想法的表達施加限制」），則我們就不可避免會侵犯言論自由；而如果我們主張言論自由（即主張「觀念或想法的自由流通」），則我們就必須捨棄智慧財產權。換言之，如果我們一方面主張言論自由，另一方面又主張智慧財產權，則就會陷入自相矛盾的處境。

　　二、就智慧財產權的目標（即試圖藉由「限制智慧產物之可及性及使用」來達到「增加智慧產物的產量、使用及未來可及性」此一目標）而論，主張智慧財產權也會陷入自相矛盾的處境。

　　海丁格的第一個主張可整理如下：

P1. 依以密爾為代表的自由主義者之見，言論自由保證了觀念或想法的自由流通，並可因此為社會全體成員帶來幸福。

P2. 如果我們主張智慧財產權，我們等於主張要對「獲取觀念或想法的方法」、「觀念或想法的使用方法」及「觀念或想法的表達」施加限制。

P3. 如此一來，我們在主張智慧財產權的同時，就等於主張要限制言論自由了。

因此，如果我們主張智慧財產權，則我們就不可避免會侵犯言論自由；而如果我們主張言論自由，則我們就必須捨棄智慧財產權。

對於海丁格的主張，有兩個問題值得進一步探討：

一、有些哲學家認為短期而言，智慧財產權的確會限制資訊的自由流通，並因而會有限制言論自由之虞。然而長遠觀之，由於智慧財產權會提供研發、創新的誘因，因此反而能為資訊的創造、散播提供良好的環境。換言之，智慧財產權非但不會限制思想自由或言論自由，反而還會增進思想自由或言論自由。

二、智慧財產權真的如海丁格所言，會導出上述兩個難題嗎？

這些問題目前學界尚無定論，因此要留給讀者進一步思考。

除此之外，許多哲學家認為適用智慧財產權的智慧產物是「非競爭性事物」(non-rivalrous things) 或「非排他事物」

(non-excludable things)。所謂「非競爭性事物」或「非排他事物」，是指該事物可以同時為許多人所使用、消費，而且不會有所減損；而由於智慧產物可以在不會有所減損的情況下同時為許多人所使用、消費，而且複製智慧產物也並不會使得原來擁有智慧產物的人無法擁有該智慧產物，因此我們當然就可以此為理由來反對智慧財產權。上述問題正是羅斯及卡洛琳的第三場辯論的主軸。

我們可舉海丁格的下列論證為例，以便說明上述主張：

P1. 如果有形或無形 (tangible or intangible) 事物 A 可以同時為許多人所使用、消費，而且又不會有所減損——即：事物 A 是「非競爭性事物」或「非排他事物」，則我們就應該允許愈多人使用、消費事物 A。

P2. 適用智慧財產權的智慧產物是「非競爭性事物」或「非排他事物」。

因此，我們有初步理由反對智慧財產權，並有初步理由允許愈多人使用、消費智慧產物。

許多哲學家認為上述論證主要的弱點在於 P1：由「資訊 A 可以同時為許多人所使用、消費，而且又不會有所減損」此一前提出發，我們並不能理所當然的得出「我們應該允許愈多人使用、消費資訊 A」此一結論，因為若是如此，則這不啻表示我們應該允許愈多人使用、消費敏感的個人資訊（因為它們是可同時為許多人所使用、消費，而不會有所減損的資訊），而這個結論顯然是荒謬的。

　　然而上述論證是否真的無法成立呢？這個問題同樣也尚無定論，因此也要留給讀者進一步思考。

人心難測——心與認知的哲學問題　彭孟堯 著

如果思考、認知與情緒是大腦的作用，那麼刻骨銘心的愛情與永恆不變的友情，難道也只是大腦神經系統反應下的產物？會不會有一天，人類創造出會思考、有喜怒哀樂、七情六欲的機器人？那麼，人跟機器人有何差別？心靈與認知有哪些關係呢？

這是個什麼樣的世界？　王文方 著

本書以簡單清楚的說明與生動鮮明的舉例，邀請讀者一同討論「因果、等同、虛構人物、鬼神、可能性、矛盾、自由意志」等形上學議題，這些都是讀者平時會想到、但卻沒機會仔細深思的問題。作者希望讀者讀完本書後，會有這樣的感覺：形上學的討論無非是想對我們的常識作出最佳的合理解釋罷了；這樣的討論或許精緻複雜，但絕非玄奧難懂。

信不信由你——從哲學看宗教　游淙祺 著

西方哲學從古希臘到十九世紀末為止，其論辯、批判與質疑的焦點集中在「上帝是否存在」上。而二十世紀的西方哲學家，在乎的是「宗教人的神聖經驗」、「宗教語言」、「宗教象徵與神話」等新議題。至於身為世界公民的我們，如何面對宗教多元的現象？應該怎樣思考宗教多樣性與彼此相互關係的問題呢？

科幻世界的哲學凝視

陳瑞麟 著

科幻是未來的哲學；哲學中含有許多科幻想像。科幻與哲學如何結合？本書對科幻小說、科幻電影加以分析，試圖與讀者一起探討「我是誰」、「人性是什麼」、「人在宇宙中的地位」、「真實是什麼」、「我應該怎麼做」、「科學是什麼」、「歷史限定了個人的行為自由嗎」、「如何改革社會」等根本的哲學問題。

思考的祕密

傅皓政 著

本書專為所有對邏輯有興趣、有疑惑的讀者設計，從小故事著眼，帶領讀者一探邏輯之祕。異於坊間邏輯教科書，本書沒有大量繁複的演算題目，只有分段細述人類思考問題時候的詳細過程，全書簡單而透徹，讓您輕鬆掌握邏輯推演步驟及系統設計的理念。

少年達力的思想探險

鄭光明 著

探究哲學問題就像是走在一座令人迷惘、困惑不已的思想迷宮裡一樣。這個思想迷宮並不在雲端上，而是在我們的日常生活中。我究竟是否存在？周遭一切會不會如夢如幻、只不過是惡魔的玩笑？什麼都可以懷疑嗎？還是有什麼是確定不可以懷疑的？

平等與差異──漫遊女性主義　　劉亞蘭 著

兩性平等，也能兼顧差異？老媽對家庭的付出，是愛的表現還是另類的被剝削？如果生養子女是女人的天職，那男人呢？本書從自由主義的、馬克思主義的、激進女性主義的觀點，帶領讀者一同了解哲學和性別之間，有時碰撞、有時猜忌、有時和平相處、有時鬧到要分手的思辯過程。希望讀者在了解女性主義者的奮鬥歷史之後，也能一起思考：兩性之間的發展、人與人之間的對待，是否能更和諧、更多元？